Axel Kahrs

Luchovia - Lüchow - Lutschou

Bibliografische Information der Deutschen Bibliothek
Die Deutsche Bibliothek verzeichnet diese Publikation in der Deutschen Nationalbibliografie; detaillierte bibliografische Daten sind im Internet über http://dnb.ddb.de abrufbar.

Lange Straße 47, 29439 Lüchow

ISBN: 978-3-928117-16-6

Umschlag, Gestaltung, Satz: Hilke Harder, Meetschow/Gorleben
Gesamtherstellung: Nordlanddruck GmbH, Lüneburg

Axel Kahrs

Luchovia - Lüchow - Lutschou

Ein literarisch-historisches Stadtporträt
in zwanzig Skizzen

Verlag Alte Jeetzel-Buchhandlung

1.

Was haben Lüchow im Wendland, Bergen auf Rügen und Westerland auf Sylt gemeinsam? Alle drei sind sie die eher unbekannten Verwaltungszentren schöner Regionen, deren Reize weit über ihre Grenzen hinaus geschätzt werden. Wenn von Sylt die Rede ist, spricht man über Kampen, Keitum und List, das Rote Kliff oder den Ellenbogen, zu Rügen werden Binz, Sellin, Sassnitz genannt, dazu Kap Arkona, der Königstuhl oder das Mönchgut. Und wenn vom Wendland gesprochen wird, kommt zuerst Hitzacker, dann die Göhrde, die Rundlinge, die Elbtalaue, die Nemitzer Heide... Lüchow muss warten: obwohl ein alter Grafensitz mit Burgberg und Schloss, hat es weniger sichtbare und zu besichtigende Spuren alter Adelssitze nachzuweisen als etwa Dannenberg samt Waldemarturm und Hitzacker mit Herzog August oder Gartow mit dem Schloss der Grafen von Bernstorff.
Auch in der deutschen Literaturgeschichte, in der großen Tradition der Sagen und Märchen, der Gedichte und Erzählungen, Tagebücher, Schauspiele und Reportagen, teilt Lüchow das bescheidene Schicksal von Heide in Schleswig Holstein, das im Bekanntheitsgrad hinter die benachbarte „Storm-Stadt Husum“ zurücktritt, oder von Demmin, das zwar den Kreissitz beherbergt, aber vom Ruf her nicht an die wesentlich kleinere „Fritz-Reuter-Stadt Stavenhagen“ heranreicht.
Keiner der Dichter, die in die Lesebücher der Schulen eingingen und - immer noch - zur Allgemeinbildung gehören, ist in Lüchow geboren, lebte oder starb hier, kein Museum, keine Gedenktafel, kein Grabstein hält die Erinnerung wach, wie es in Lüneburg mit Heinrich Heine, in Arendsee mit Theodor Fontane, in Bargfeld mit Arno Schmidt oder in Dannenberg und Damnatz mit Nicolas Born geschieht. Und als sich 1961 die legendäre „Gruppe 47“ mit Grass, Walser, Bachmann, Enzensberger, Reich-Ranicki und Raddatz im Wendland trifft, tagt sie im fernen Jagdschloss Göhrde.
Dennoch lohnt es, einmal die verstreuten, aber nicht unerheblichen Texte aus der Gegenwartsliteratur und der Literaturgeschichte in einem kommentierenden Überblick zusammenzustellen. Mancher Fund erweist sich als glänzender Sprachschatz, anderes birgt unbekannte Ansichten, dokumentiert längst Vergessenes oder eröffnet neue Blicke. Dem Leser wird auch schon einmal der Spiegel des kritischen Betrachters von auswärts

vorgehalten. Vieles, was uns als liebenswert und originell gilt, sehen andere als schrullig oder überholt an. Anderes, was wir für alltäglich halten oder für gering achten, ist dem Gast eine längere Betrachtung wert. Und die wenigen überlieferten privaten Aufzeichnungen öffnen uns ein Fenster in die Vergangenheit, machen uns die Geschichte aus dem Blickwinkel der Zeitzeugen, seien es Täter oder Opfer, nachvollziehbar.
Die Schriftsteller aber, die sich der Stadt Lüchow und dem Wendland in ihren Werken zuwenden – und die Texte von Andreas Maier, Walter Aue und Arnold Stadler sind Erstveröffentlichungen! –, stiften ihr ein eigenes, literarisches Gedächtnis, das auf sehr persönliche Weise und in literarisch verdichteter Sprache festhält, was dürre Zahlen, Daten und Fakten nicht zu fassen vermögen.

Merians Meisterstück

2.

Unter den zwölf Bänden, die Matthias Merian zur Topographie Deutschlands herausgab, gilt der Band über Braunschweig und Lüneburg von 1654 als der gelungenste (und teuerste). Die Qualität der Abbildungen und die Genauigkeit der Texte überprüfte und überwachte der bücherliebende Herzog August der Jüngere aus Hitzacker. Die „Topographia und eigentliche Beschreibung der vornembsten Stäte, Schlösser auch anderer Plätze und Örter in denen Hertzogthümer Braunschweig und Lüneburg, und denen dazu gehörende Graffschafften Herrschafften und Landen" macht der Stadt Lüchow ein kleines, wunderbares Kompliment: Nachdem Merian die „lustige Gegend solcher Gestalt" lobte, „daß es auch wegen dessen Fruchtbarkeit und Güte / Frießland verglichen worden", nachdem er „ansehnliche Holtzungen und Wälder", in der „Jetza" auch „schöne wolschmeckende Fische / allerhand Gattung an Hechten", und das „Bierbrawen" als „die gantze Nahrung der Statt Luchow" angeführt hat, spendet er dem Anblick – heute würde man sagen: der „Skyline" – Lüchows ein dickes Lob: „Der Thurm ist wegen seiner schönen runde / und mit einem Umbgang gezierten Figur / neben der Kirchen / Rathhauß / und Glockenthurm so von der Kirchen ziemlich ablieget / auch andern Bürgerlichen hohen:mit Stein bedeckten Häusern / von aussen schön anzuschawen / und dahero Luchaw mit denen / mit Ziegel bedeckten Scheunen / als wenn es eine grosse Statt / welch es doch nicht ist / von denen / so derselben gelegenheit nicht bekant / anzusehen." Auf Hochdeutsch: Wer die Stadt nicht kennt und sie erstmals erblickt, wird von dem Ensemble der wuchtigen Kirchen, stattlichen Bürgerhäuser und schlanken Türme her den Eindruck einer Großstadt haben!

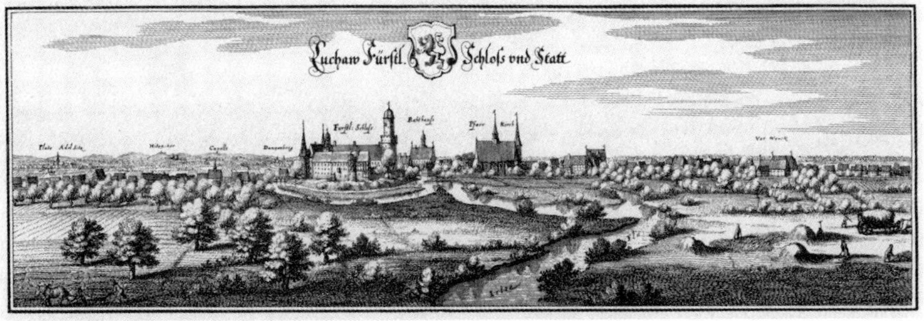

Luchow.

Gemeltes Schloß ist von den Gassen der Statt Luchow abgelegen / mit Wasser zu hinterst / vnd beyseits vmbflossen / vorn mit einer Zugbrücken / vnd vmbher mit einem Wall verwahret / der Thurn ist wegen seiner schönen runde / vnd mit einem Vmbgang gezierten Figur / neben der Kirchen / Rahthauß / vnd Glockenthurn / so von der Kirchen zimlich abliget / auch andern Bürgerlichen hohen: mit Stein bedeckten Häusern / von aussen schön anzuschawen / vnd dahero Luchaw mit denen / mit Ziegel bedeckten Scheunen / als wann es eine grosse Statt / welches doch nicht ist / von denen / so derselben gelegenheit nicht bekant / anzusehen.

Dieses Schloß hat Fraw ANNA / geborne Gräfin zu Nassauen / welche Hertzog OTTEN zu Braunschweig vnd Lüneburg vermählet gewesen / in welchem Jahre aber / weiß man nicht eigentlich / auffgebawet / die ist gestorben Anno 1514. Dieser Hertzog Otto ist vnsers Gnädigsten Fürsten vnd Herrn / Herrn AUGUSTI, Hertzogens zu Braunschweig vnd Lüneburg / welcher Anno Christi 1579. den 10. Aprilis, felici sidere gebohren / Abavus, Hertzog Heinrich Proavus, Hertzog Ernst / Avus, Hertzog Heinrich der Ander S. Fürstl. Gn. Pater gewesen.

Merians Sicht von Lüchow

3.

Der diesem verlockenden Anblick folgende Besucher würde damals in der Stadt sehr schnell auf die Spuren verheerender Kriegszüge stoßen, die ihren Höhepunkt in einem „erbärmlichen Blutbad" am 21. Juni 1643 finden. Da erschlagen die Schweden unter dem Obristen Behr, ohne dabei einen einzigen Soldaten zu verlieren, in einer Stunde an die vierhundert Bauern, „wiewohl sie wenig Widerstand geleistet haben". Danach verwüsten sie die Stadt Lüchow derart, „dass dessen Gedächtnuß bey Menschengedencken nicht wird vergessen werden", so Merian. Lüchows Chronik berichtet von Einzelschicksalen: „Sechs Wochen wüteten die Schweden in dem gänzlich ausgeplünderten Ort und raubten und vernichteten alles, was nur irgend mitnehmbar und zerstörbar war. Dem damaligen Bürgermeister Böwig war bis auf einen alten Schlafrock alles genommen, selbst nicht einmal ein Beinkleid hatte man ihm gelassen, ihn vielmehr auf dem Hofe seines Hauses angebunden und nur durch den Mut seiner Magd, welche ihn, während die Schweden nach einer Axt suchten, um ihn zu töten, losschnitt, entkam er glücklich den Händen der Wütenden."

Der Heimatdichter Harry Halbom erinnert sich 1958 in einer literarischen „Geisterreise" durchs Wendland an dieses Massaker. Da sieht er wie „im längsten aller großen Kriege der schwedische Oberheerführer Banner 1639 von Dömitz her über Gusborn, Heide, Zadrau, Seerau, Lüchow gezogen (kommt), um in Salzwedel ein festes Lager zu beziehen", dann bricht er aber ab: „Ja, die Bilder werden immer härter. - Ich mag sie nicht mehr sehen. Es ist genug..."

So findet sich in Lüchow kein Dichter wie Hans Jakob Christoffel von Grimmelshausen, der in seinem Roman „Der abenteuerliche Simplicissimus Teutsch" die Schlacht bei Wittstock jenseits der Elbe im Jahre 1636 genau beschreibt. Unter dem Kommando des Obristen Banier, so der entsetzte Grimmelshausen, „suchte ein jeder seinem Tod mit Niedermachung des Nächsten, der ihm aufstieß, vorzukommen, das greuliche Schießen, das Geklapper der Harnisch, das Krachen der Piken und das Geschrei beides der Verwundten und Angreifenden machten neben den Trompeten, Trommeln und Pfeifen ein erschreckliche Musik!" Das Schlachtfeld bot - wohl ähnlich dem bei Lüchow - einen grausamen Anblick: „Die Erde / deren Gewohnheit ist, die Todten zu bedecken /

Grimmelshausens Furie des Krieges

war damals an selbigem Ort selbst mit Todten überstreut / welche auf unterschiedlicher Manier gezeichnet waren / Köpff lagen dorten / welche ihre natürlichen Herren verloren hatten / und hingegen Leiber / die ihrer Köpff mangleten … / da lagen abgeschossene Arm / an welchen die Finger sich noch regten / gleichsam als ob sie wieder in das Gedränge wollten".
In Wittstock erinnert heute ein Museum an den Dreißigjährigen Krieg und das Leid der Menschen, und die „Schwedenstraße" ist ein Touristenpfad mit kulturhistorischer Thematik: jährliches Markttreiben, Lagerleben, Schlachtdarstellung und Siegesfeier inklusive…

Soldat verfolgt Bauern –
Radierung von Hans Ulrich Franck (1656)

4.

Lüchow dagegen bleibt lange Zeit literarisch ein unbeschriebenes Blatt, nur einige Spuren lassen sich finden. So zieht ein hoher Gast für ein paar Jahre in die Stadt: Herzogin Sophie Elisabeth zu Braunschweig und Lüneburg (1613 - 1676), Tochter des Herzogs Johann Albrecht II. von Mecklenburg-Güstrow und Ehefrau des zunächst in Hitzacker und dann in Wolfenbüttel regierenden Herzogs August, bekommt das Schloss Lüchow 1667 als Wohnsitz zugesprochen, nachdem ihr Mann im Jahr zuvor in seiner Residenz gestorben war. Erst nach der Renovierung des Gebäudes mit Theatersaal und Weinanbau am Schlossberg, nach der Regelung der Hand- und Spanndienste, der Lieferung von 400 Fuder Brennholz und anderen Leistungen, zieht die Witwe im April 1667 in Lüchow ein.

Sophie Elisabeth steht damit in einer langen Tradition, denn bereits Anna von Nassau, Herzogin von Braunschweig, nahm im 15. Jahrhundert Lüchow als Witwensitz. Auch die von Merian gelobte Form des von ihr erbauten Amtsturms ist auf die mittelrheinische Heimat der Schlossherrin zurückzuführen, ihr Wappen am Turm und ein Gemälde im Museum erinnern an diese wohltätige Frau.

Schon zur Hochzeit Sophie Elisabeths mit Herzog August dem Jüngeren 1635 gibt es sechs lateinische, sechs deutsche, zwei französische und ein griechisches Gedicht als Geschenk, die dritte Ehefrau des „Bücher-Fürsten" gilt als „musikalisch wie literarisch hochbegabt und dazu lebenstüchtig", so ihre Biographin Maria Munding. Ihre herzlichen, gehaltvollen Briefe an den wesentlich älteren Ehemann klingen bescheiden, aber auch intelligent und gewissenhaft. Auch mit dem Dresdner Kapellmeister Heinrich Schütz gab es einen intensiven Briefwechsel.

Später ist die Herzogin eines der wenigen weiblichen Mitglieder der „Fruchtbringenden Gesellschaft" und heißt dort analog zum Titel „Der Befreiende" ihres Ehemannes „Die Befreiende". Der Dichter Georg Neumark („Der Sprossende") spendet ihr höchstes Lob: „Unter diesen Gesellschafterinnen leuchtet als eine Sonne herfür die unvergleichliche *Befreyende* / die in allen Wissenschaften / Sprachen / in der Musik und allen Fürstlichen Tugenden alle andere ja auch sich selbst übertrifft..." Der bedeutende Barockdichter und Wolfenbütteler Prinzenerzieher Sigmund von Birken nennt sie die „Landes-Juno" und die „Teutsche Minerva".

Herzogin Sophie Elisabeth von Braunschweig-Lüneburg

Schon in seinem Loblied auf die „Dannenbergische Helden-Beut" von 1647 hatte er Herzog Augusts Familie gerühmt und die „goldrinnende" Jeetzel gelobt: „alsdann wäschet sie an der Luzejerau (= Lüchow) hinweg, bis sie kommt an den holdgrünen Dannenberg."
Die „Fruchtbringende Gesellschaft", zu der auch Birken unter dem Namen „Der Erwachsene" gehört, hat das Ziel, „bei dem bluttriefenden Kriegsjammer unsre edle Muttersprache, welche durch fremdes Wortgepränge wässerig und versalzen worden, hinwieder in ihre uralte gewöhnliche und angeborne deutsche Reinigkeit, Zierde und Aufnahme einzuführen, einträchtig fortzusetzen und von dem fremd drückenden Sprachenjoch zu befreien." Als „älteste, namhafteste und mitgliederstärkste deutsche Sozietät des 17. Jahrhunderts" (so der Historiker Günther Hoppe) ehrt sie ihr Mitglied Sophie Elisabeth als eine vielseitige Künstlerin: Sie schreibt Theater- und Musikstücke, Tagebuchgedichte und Epigramme, spielt Klavier, Gambe und Laute.
Die Witwe macht auch ihren „Wittum-Sitz" im Ostflügel des Lüchower Schlosses für neun Jahre bis zu ihrem Tode 1676 zu einer geistig regen Stätte. Sie selbst komponiert weiter und schreibt gern, vertont zum Beispiel Paul Gerhardts Lied „Geh aus mein Herz, und suche Freud" neu. Ihr Biograf Karl Wilhelm Geck zitiert aus dem Nachruf des Oberhofpredigers, dass „sehr viele verhandene Geistreiche geistliche Lieder und Psalmen solche ihre Durchl. Componirte Melodien annoch in öffentlichen und Hauß-Kirchen von christlichen Hertzen gesungen und musiciret werden". Die täglichen musikalischen Hausandachten und die beständige Weiterarbeit an ihrer geistlichen Versdichtung sind von Friedenssehnsucht und Nächstenliebe geprägt. Anrührend ist ihr Tagebucheintrag vom 19. Mai 1674: „Auß dem 74: Psalm ein gebeht, Für mein kranckeß kammermedchen Magdalenen". Die Herzogin, die in ihrer Jugend drei Jahre im Exil leben musste, gewährt dann auch in Lüchow großzügiges „Asylum und Freystatt" für verfolgte Flüchtlinge, als die Schweden 1675 die Mark Brandenburg besetzen.
Der Lyriker Scherertz rühmt in seinem Trauergedicht die „Sophilisia Selena" (nach dem weiblichen Vornamen der Mondgöttin Selene): „Und so hat Sie verbracht die wohlgeführte Stunden / Und unter allen Thun das sterblich seyn bedacht / Und hier auch manches Lied zu edler Lehr erfunden / Damit Sie stets bereit und willig sich gemacht." Ihre Lesestunden versteht sie als Ansammlung und Bereicherung ihres Wissens

Das Wappen der Erbauerin Anna von Nassau am Lüchower Amtsturm

Modell vom Lüchower Schloss:
Im linken Flügel wohnte die Herzogin Sophie Elisabeth

und stellt sie unter das Motto „Prüfet aber alles, und das Gute behaltet“ (1. Thessalonicher, 5, 21), 200 Jahre später nimmt Pastor Baurschmidt die Losung als Titel seiner Protestschrift (vgl. Kapitel 8) wieder auf.
Als Herzogin Sophie Elisabeth von Braunschweig und Lüneburg im Lüchower Schloss stirbt, erscheinen in Wolfenbüttel Elegien auf die Verstorbene, in denen die Orte ihres Wirkens zur Trauer aufgefordert werden. Braunschweig, Lüneburg, Güstrow, Schwerin, Ratzeburg, Rostock, Stargard, Zarrentin und Stintenburg mögen „verhüllt mit schwartzem Tuch und Binden“ gehen. Weiter heißt es: „Wendenland stell ein die Lust und Freude / Dein Verhängniß dich zum Trauren zwingt / und staat Rosen Dir Zypressen bringt.“ Den Schluss widmet Johann Burchard Coberg, „ihro hochseliger Fürstlicher Durchlaucht Küchenschreiber“, der Stadt, in der die Herzogin starb:

„Lüchau deine Mauren sind verstöret
Und womit du dich beschützet hast
In der oft gedreuten Krieges-Last
Ist dahin. Die Jetzel hat gehöret
Schon vorher dein kläglich tiefes schreien
Deine Nymphen schon im letzten Meyen
Angstig klagten drum so weine sehr
Weil du wirst betrübet mehr und mehr.“

Sophie Elisabeth ist die Ur-Urgroßmutter von Herzogin Anna Amalia, Begründerin und Namensgeberin der heute weltberühmten Weimarer Bibliothek, und so auch die Ahnherrin von Herzog Karl August von Sachsen-Weimar, dem lebenslangen Förderer und fürstlichen Freund Johann Wolfgang von Goethes.
Sophie Elisabeths Wirken, ihre Schriften und Kompositionen sind wissenschaftlich erst im Ansatz erschlossen. Ihr kostbares Gebetbuch mit persönlicher Widmung findet sich im Herzog Anton Ulrich-Museum in Braunschweig, ihr Sarkophag steht neben dem ihres Mannes in der Gruft der Wolfenbütteler Marienkirche. Ihr Wohnsitz, das Lüchower Schloss, wurde beim großen Stadtbrand von 1811 zerstört und anschließend abgerissen. Im Museum des erhaltenen Amtsturms hängt ein Bildnis der Herzogin von Braunschweig-Lüneburg, nichts sonst erinnert in der Stadt an diese beeindruckende Frau.

Letzte unterthänigste

Ehren-Bezeugung/

Der

Weyland Durchleuchtigsten Fürstin
und Frauen/ Frauen

Sophien Elisabeth/

Verwittibter Hertzoginnen zu
Braunschweig und Lüneburg / gebohr-
ner Hertzogin zu Mecklenburg / Fürstin zu Wenden/
Schwerin und Ratzeburg/ auch Gräfin zu Schwerin/ der Lande
Rostock und Stargard Frauen/ rc.
Demütigst und wehmütigst abgeleget
Von einigen
Dero Hoch-Fürstlichen Durchl.
Christmilden Andencken
Unterthänigst - treu - gewesenen
Dienern

Lüchau deine Mauren sind verstöret/
Und womit du dich beschützet hast/
In der oft gedreuten Krieges-Last/
Ist dahin / die Jetzel hat gehöret/ (en/
Schon vorher dein kläglich tiefes schrei-
Deine Nymphen schon im letzten
Meyen/
Ängstig klagten drum so weine
sehr/ (mehr.
Weil du wirst betrübet mehr und

Johann Burchard Coberg/
F. hochsel. F. Durchl. Küchschr.

Cobergs Trauergedicht von 1676 mit Lüchow-Bezug

5.

Die folgenden Jahrzehnte sind literarisch eher unergiebig. Selten verirrt sich ein Dichter in die Stadt. So macht erst wieder Karl May am 3. Mai 1898 Station in Lüchow, als er von Salzwedel her auf dem Wege nach Gartow ist. Über Salzwedel hat er noch auf einer Postkarte gespottet: „In Wedelsalz komm ich jetzt an, - Ganz auf derselben Eisenbahn - Und warte hier in dieser Stadt - Nur bis das Salz gewedelt hat." Leider fiel ihm zu Lüchow nichts Vergleichbares ein. Aber er will hier in einer neuen Posse den „alten Dessauer" (1676 - 1747) inkognito seine Scherze machen lassen. Der liebt es, groß gewachsene junge Männer fürs Militär zu „werben": brutal zum Rekruten gepresst, sieht mancher die wendländische Heimat nicht wieder. Der Lüchower Heimatkundler Karl Hennings schreibt noch 1862 ein wenig stolz: „Man trifft vielfach große Hünengestalten unter diesem Volke, ... wie denn noch heute diese Gegend alljährlich ihr Kontingent für die größten oder vielmehr die längsten aller Soldaten unseres Königsreichs liefert."
Schon in einer 1881 erschienenen Geschichte Karl Mays ist der bewunderte Haudegen Leopold von Dessau als „Ein Fürst-Marschall als Bäcker" an der Jeetzel unterwegs. Doch das Lokalkolorit von Lüchow blieb damals blass, austauschbar, May schrieb ohne Ortskenntnisse. Und so heißt es stereotyp: „Über den Schloßhof von Lüchow schritt ein Mann..." und „vor dem Portal des Schlosses stand der Verwalter..." oder „Goldschmidt trat an das Fenster, um in den Schloßhof hinabzublicken". Auch die Wohnung eines Handwerkers bringt als Schauplatz wenig Farbe in die Geschichte: „Gehe Er über den Markt und dann rechts. Da kommt Er auf die Dannenberger Straße. Dort wohnt der Schmied." Von Karl May, dem Schöpfer Winnetous und Old Shatterhands, las man schon Besseres.
In Gartow wird der Volksschriftsteller im Hotel Krug kurzzeitig arretiert, weil man ihm nicht traut und ihn für einen Hochstapler hält. Gleich nach der erlösenden, befreienden Auskunft seiner Familie verlässt Karl May Gartow fluchtartig und kehrt wieder über Salzwedel nach Radebeul zurück.

Postkarte von Karl May

6.

Dann streift die so genannte „große Geschichte“ die Stadt Lüchow, ohne dass literarische Zeitzeugen zugegen sind. Während in den Befreiungskriegen von 1813 Theodor Körner, Johann Peter Eckermann und Eleonore Prohaska den Norden des Wendlandes durchstreifen und darüber unzählige Gedichte, Theaterstücke und „Kriegsgeschichten für die reifere Jugend“ produziert werden, bleibt es im Raum Lüchow lange Zeit stumm. Lediglich Amtsvogt Sandhagen berichtet sachlich aus der Franzosenzeit über Einquartierungen, Truppenaushebungen, Durchzüge von Gensdarmen, Kosaken, Husaren und Dragonern. Der Grenzvogt im Passort Lübbow zählt vom April bis Ende 1813 über 100 000 Mann, die „entweder von Lüchow gekommen oder dorthin gewollt haben.“
Ein eigenartiges Vorkommnis des Jahres 1806 verdient Beachtung: „Am 14. Oktober wurde hier von vielen Leuten ein sehr entferntes Kanonenfeuer und Erschütterung in der Luft, besonders an den Fenstern, verspürt; noch deutlicher konnte man es vernehmen, wenn Löcher in die Erde gegraben wurden und man das Ohr darauf legte. Es war die unglückliche Schlacht bei Jena.“ Ein wenig erinnert das an die durch Fontane überlieferte Sage vom Stechlin-See: Der macht angeblich bei großen politischen Ereignissen „klein und unbedeutend, wie er ist, die große Weltbewegung mit und sprudelt und wirft Strahlen und bildet Trichter.“ Das Lüchower „Hörspiel“ wiederholt sich am 15. September 1813, dem Tag der Schlacht in der Göhrde, bei der die als Mann verkleidete „Heldenjungfrau“ Eleonore Prohaska tödlich verletzt wird: „Die Fenster klirrten hier in den Häusern von dem Kanonenfeuer, und vor der Stadt konnte man das Peletonfeuer der Infanterie ganz deutlich hören.“
Erst 1958, zur 800-Jahrfeier der Stadt, versuchte der Lüchower Ernst Sprockhoff mit seinem Drama „1811“ die Franzosenzeit auf die Bühne zu bringen, laut Bericht der Elbe-Jeetzel-Zeitung „in wohl verständlicher und oft dramatisch wirkungsvoll gestalteter Weise“, das alles „dank einer lebhaften Phantasie, die ihm fehlendes Quellenmaterial ersetzen musste“. Sprockhoff setzt damit sein Wirken als Theaterdichter, das 1944 mit dem Stück „Unser Schützenfest“ begann, und auch eine allgemeine kulturelle Tradition der kleinen Stadt im Abseits fort, über die in der Lüchower Chronik häufig berichtet wird. Bänkelsänger, Straßenmusikanten, Geigenspieler, Harfenmädchen und Drehorgelmänner beleben den Markt,

Inschrift zur Franzosenzeit am Lüchower Markt

regelmäßig kommt die Künstlertruppe Weitzmann mit Zirkusnummern wie Seiltanz und Turmseillaufen. Über die anreisenden Theatergesellschaften wird viel geklagt; die „jugendliche Liebhaberin" ist oft schon über dreißig Jahre alt, aus Biertonnen und Brettern wird eine Behelfsbühne gezimmert. Stücke wie Goethes „Faust" oder Schillers „Wilhelm Tell" werden arg zusammengestrichen. Mehr Zulauf findet „Der Räuber und sein Kind", später kommen Oper und Operette hinzu.
Konzerte veranstaltet „Klarnett-Schulz" oder die Kapelle Otto Düpows, aus Salzwedel kommt das Musikkorps des Ulanen-Regiments herüber. Ein Männergesangverein, Schlittenpartien und Maskenbälle scheinen das zu bestätigen, was schon seit langem über den ruhigen Landstrich zu lesen ist und auch weiterhin geschrieben werden sollte (siehe Kapitel 8). Und so kann das „Hannoversche Volksblatt" mitten im Revolutionsjahr von 1848 fast erleichtert berichten: „Obgleich am politischen Himmel so manche drohende Wetterwolken sich zeigen und die Zeitereignisse die Aufmerksamkeit aller Denkenden im höchsten Maße beanspruchen, dürfen wir doch dem bescheidenen Guten, das in unserer Mitte aufsprießt, die Beachtung nicht versagen. Wie allgemein anerkannt, hat die Musik eine das Gemüt bildende, veredelnde Kraft und wird deshalb bei allen guten Schulen auch diesem Zweige die nötige Sorgfalt geschenkt. Es dürfte deshalb von Interesse sein, zu hören, wie in Lüchow sich ein Gesangverein von Gesellen gebildet hat, dessen Leitung höchst uneigennützig Herr Kantor Wickbold übernommen und dessen Mitgliederzahl sich schon auf bis 30 gesteigert hat."

Festumzug 1958:
Napoleons General Campons zieht in Lüchow ein

7.

Das weit verbreitete Negativ-Image der Wenden und ihrer Region wird aber 1854 wieder einmal aktenkundig, als der Schriftsteller Eduard Ziehen (1819 - 1884) seine „Erzählungen aus dem wendischen Volksleben" unter dem Titel „Wendische Weiden" mit den auslesenden Worten einleitet: „Die Wenden ... unterscheiden sich in Hinsicht auf Character, Tracht, Lebensweise, Dialect, Sitten und Gebräuche so scharf von ihren germanischen Nachbarn, daß ein aufmerksamer Beobachter sehr bald den Slavenabkömmling unter hunderten von niedersächsischen Bauern herausfinden wird." Sprachlich wird diese These von Ziehen auch dadurch belegt, dass der Stadt Lüchow russische Wurzeln zugeschrieben werden: „*Luka* heißt im Wendischen: Aue und *lug* im Russischen: Wiese, *lugowi* bedeutet in letzterer Sprache: wiesenreich."
Schon drei Jahre vor Ziehen berichtet Pastor Johann Victor Danckwerts aus Plate von seinen jahrzehntelangen Erfahrungen, von Eigennutz und Habgier. „Hausbrände kämen immer wieder vor, mitunter auch selbstgelegte Feuer. Es werde aber auch rasch und schöner neu gebaut. Niemand traue sich, jemanden zu erzürnen, der ihm schaden könnte. Darum werde von Vorstehern und Herrschaften erlittenes Unrecht lieber stillschweigend hingenommen." Danckwerts führt damit die kritische Einschätzung der Wenden fort, die schon Obersuperintendent Hildebrand bei seiner Kirchenvisitation 1671 unter Bezug auf „viel ärgerliche Dinge" wie „völlige Barbarei", „Unordnung ... mit Fluchen und garstrigen Worten" sowie „Doll- und Vollsaufen" vornimmt.
Das alles sind folgenreiche Zu- und Einordnungen, denn noch 1944 schreibt der Amtsgerichtsrat Reuter in seinem Artikel „Zur Geschichte des Kreises Dannenberg" gegen das schlechte Image der Region an: „Hauptstadt des Gebietes war Lüchow. Seine Geräumigkeit, das schöne Straßenbild und der Amtsturm mit seinem einzigartigen Heimatmuseum erregen die Verwunderung und Freude aller Fremden, die in dem verschrieenen 'Wendland' nichts derartiges erwartet hatten." Schon derber bezeichnet ein Dr. Wagner 1941 das Wendland als „justizgeographische Insel, wo Brandstiftungen, Meineide und Rentenpsychosen stärker auftreten als sonst in der Heide."
Auch der Dorfchronist Johann Parum Schultze aus Süthen stellt für das 18. Jahrhundert fest, dass der ordentliche Wende auf dem Weg in die

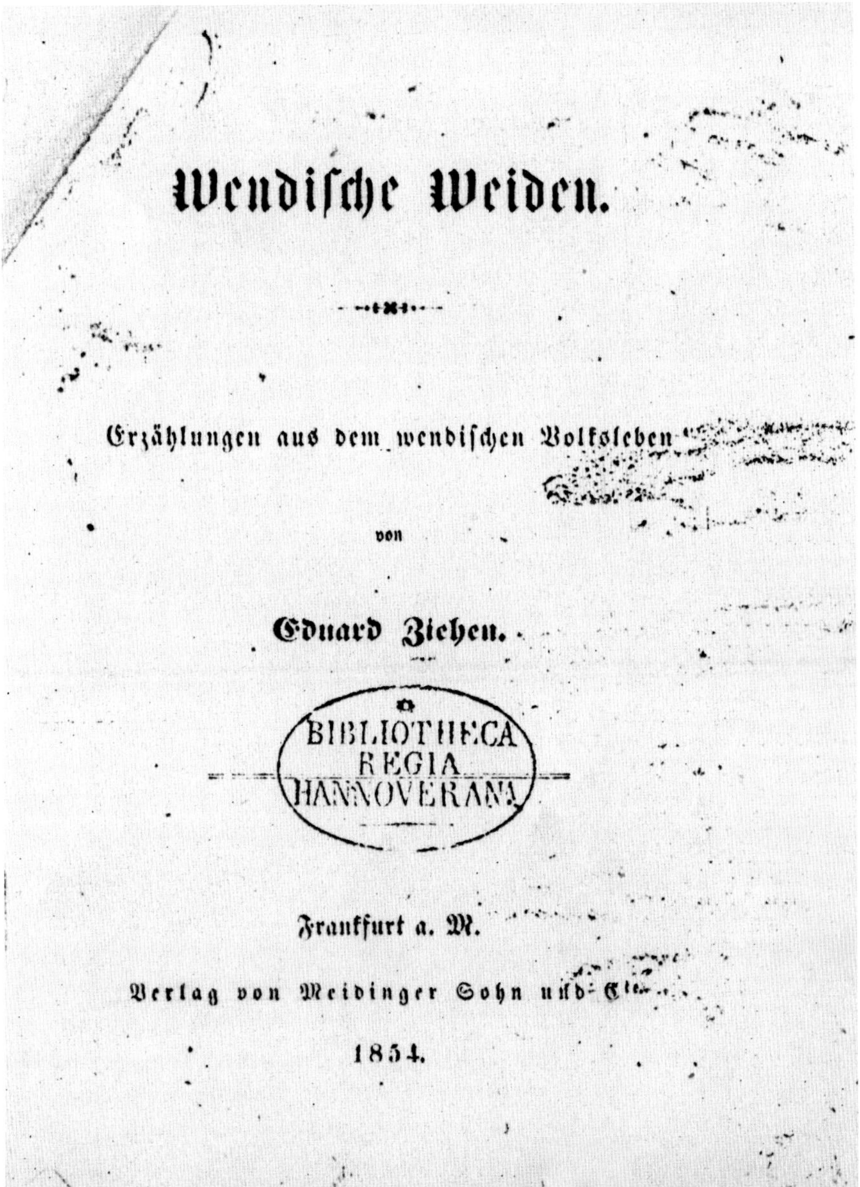

Wendische Weiden.

Erzählungen aus dem wendischen Volksleben

von

Eduard Ziehen.

Frankfurt a. M.

Verlag von Meidinger Sohn und Co.

1854.

Eduard Ziehens Geschichten vom „Slavenabkömmling“

Stadt Lüchow zunächst „sein Schu und seine strümpfe aufm Stock bisz vor der Stadt (nam), da zog er sie an". Dann aber heißt es: „Wenn ein Buersmann von Stadt gieng und nicht so truncken war, dass der Strasse und Weg ihm breit genug gewesen war, so hette das Bier nicht gut genug gewesen. Wenn sie aber truncken waren, praleten si so starck, dasz man sie bey hellem Wetter des Habens hören konnte ..." Und 1862 bilanziert der Lüchower Heimatforscher Karl Hennings: „Alle Geschichtsschreiber bis auf die neueste Zeit haben ein verdammendes Urteil über die Wenden gefällt". Er denkt dabei an den Rundumschlag des Ministers vom Stein: „Sie (die Wenden) gucken mit finstern Augen wie der Wolf aus der Sandgrube".
In der „Zeitung für das Wendland", die acht Jahre vor Hennings die Auszüge aus Ziehens Buch abdruckt, kommt schon der geharnischte Protest der Wendländer zur Sprache. Die Redaktion berichtet über die Gegenschrift „Der Wende sucht sein Recht", die erklärt, dass Ziehens „unrichtige Schilderungen den größten Unwillen im ganzen Wendland hervorgerufen hätten." Denn „sie wollen nicht als Heiden und Baschkiren vor der übrigen Welt erscheinen." Doch so ganz erfolgreich sind die Wenden mit ihrer Imagepflege nicht, andere Ereignisse festigen ihren Ruf als eigenwillige Menschen.

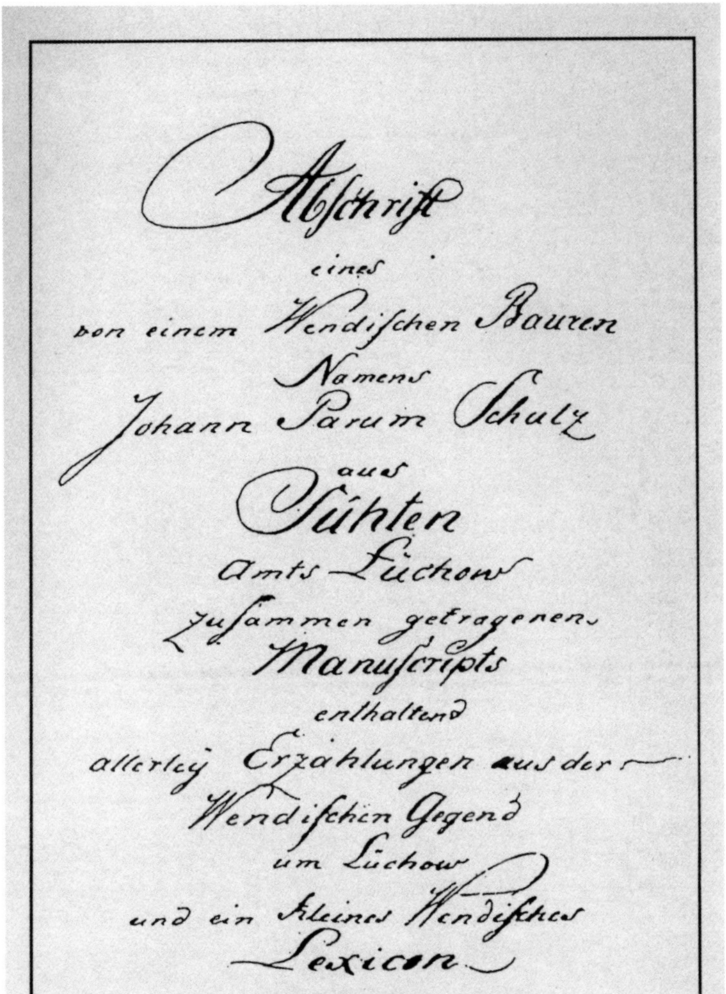

Abschrift
eines
von einem Wendischen Bauren
Namens
Johann Parum Schulz
aus
Sühten
Amts Lüchow
zusammen getragenen
Manuscripts
enthaltend
allerley Erzählungen aus der
Wendischen Gegend
um Lüchow
und ein kleines Wendisches
Lexicon

Die „Wendland Chronik" aus der ersten Hälfte des 18. Jahrhunderts

8.

Das unruhige Jahr 1862, in dem Lüchows Pastor Baurschmidt, der „Luther des Wendlandes", das Königreich Hannover im „Katechismusstreit" erschüttert, findet bei drei heute fast vergessenen Autoren Widerhall. Heinrich Albert Oppermann aus Göttingen, ein schriftstellernder Jurist, Zeitungsherausgeber und liberaler Politiker in Nienburg, verfolgt voller Misstrauen den Versuch des blinden hannoverschen Königs Georgs V., über die 1862 von ihm verordnete Einführung eines orthodoxen Katechismus das Rad der evangelischen Landeskirchengeschichte zurückzudrehen. Oppermann schreibt: „Dem Volke wurde der Glaube an den leibhaftigen Teufel, an Zauberei usw. wieder zugemuthet, die Lehre vom Amte der Schlüssel verlieh dem Geistlichen wieder die Macht, die Sünde zu vergeben oder zu lassen, die Beichte erhielt wieder eine der katholischen ähnliche Form."

Doch der König hat die Rechnung ohne den unteren Klerus und das Volk gemacht. Gegen seine handstreichartige, verfassungsrechtlich bedenkliche Verfügung des neuen Katechismus erhebt sich der schärfste und deutlichste Protest im Wendland, genauer in Lüchow, wo der Archidiakon Carl Gustav Wilhelm Baurschmidt (1806 - 1864) in seiner Schrift „Prüfet alles" vom 19. Juli 1862 zum Protest gegen das „graue und grause Haar" einer erstarrten Orthodoxie aufruft. Das Heft erlebt in zwei Wochen sechs Auflagen in der Saurschen Druckerei in Lüchow. Die „Zeitung für das Wendland" unterstützt den Pastor, der zum Ärger des Propstes, der in St. Johannis vor leeren Bänken predigt, stets eine volle Kirche hat. Dann unterschreiben 142 wackere Lüchower Bürger „offen und freimüthig" eine Eingabe gegen den neuen Katechismus, eine Woche später folgen 216 weitere „Familienväter aus dem Kirchspiel."

Als die obere Kirchenbehörde meint, Baurschmidt disziplinarisch belangen zu können und ihn dazu nach Hannover zitiert, führt das zum Eklat und zum Triumphzug zugleich. „Schon am Vorabend der Abreise Baurschmidts aus Lüchow kam es zu großartigen Kundgebungen für den Archidiakonus", so der Historiker Carl Gehrcke, „Am Dienstag, dem 5. August, strömte eine riesige Volksmenge in der Johannisstraße vor dem Pfarrhause, auf dem Kirchplatz und in den angrenzenden Häusern zusammen. Die Landleute aus den umliegenden Orten und Lüchows Bevölkerung hatten sich zu einer ernsten Ehrung Baurschmidts zusam-

In Commission der A. Saur'schen Buchhandlung in Lüchow ist so eben erschienen und durch alle Buchhandlungen zu beziehen:

Prüfet Alles.

Ein Wort über den neuen Katechismus von

C. G. W. Baurschmidt.

Vierte Auflage.

Preis 5 Ngr.

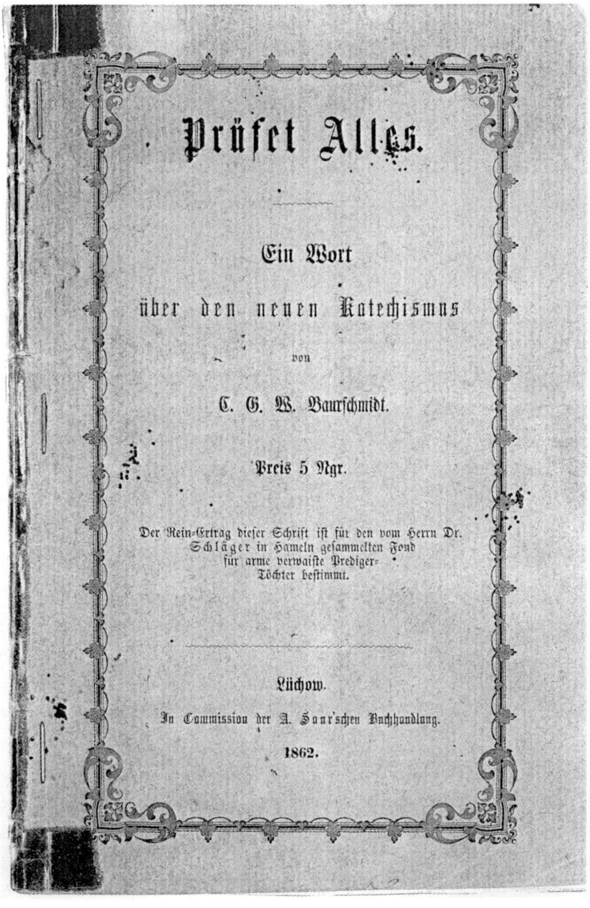

Prüfet Alles.

Ein Wort

über den neuen Katechismus

von

C. G. W. Baurschmidt.

Preis 5 Ngr.

Der Rein-Ertrag dieser Schrift ist für den vom Herrn Dr. Schläger in Hameln gesammelten Fond für arme verwaiste Prediger-Töchter bestimmt.

Lüchow.

In Commission der A. Saur'schen Buchhandlung.

1862.

Stein des Anstoßes: Baurschmidts Schriften

mengefunden." Und die „Zeitung für das Wendland" (Ausgabe vom 9. August 1862) ist ergriffen: „Ein tiefer, aber auch ein freudiger Ernst ruhte auf den Gesichtern der Versammelten, welcher so recht ersichtlich war in dem hellen Mondlicht und bei der Stille, die während eines kurzen Vortrages des Geehrten herrschte."

Die umjubelte Fahrt des couragierten Pastors mit seiner Frau und seiner Tochter geht zunächst über Clenze und Uelzen nach Celle. Sein Empfang dort - so die Zeitung - „übersteigt aber Alles, was unsere Stadt Aehnliches je erlebt hat". Viele Menschen weinen und auf der Versammlung stehen die Bürger „Kopf an Kopf, so dass kein Apfel hätte zur Erde fallen können."

Auch in Hannover wird Baurschmidt als eine Art Volksheld mit Hoch- und Vivat-Rufen von tausenden Christen empfangen. Man begleitet ihn mit dem Lied „Ein' feste Burg ist unser Gott" zur Kirchenbehörde und danach auf der Heimreise: „junge Mädchen in weißen Kleidern bestreuten den Pfad mit Blumen, ein Lorbeerkranz ward vorangetragen", sogar die Lokomotive seines Zuges wird bekränzt - „In den Zeitungen wurden eindeutige Parallelen zu Martin Luthers Einzug in Worms auf dem Reichstage des Jahres 1521 gezogen", so Gehrcke. Aber man wirft auch den verantwortlichen Konsistorialräten die Scheiben ein, demoliert ihre Wohnungen und prügelt sich mit der Polizei, nachdem man „vor dem Theater und in der Stadt Candelaber und Laternen zerstörte. (...) In mehreren Straßen kam es zu förmlichen Kämpfen zwischen Militär und Arbeitern. Auf beiden Seiten gab es Verwundete, viel Verhaftungen von Arbeitern und Lehrjungen fanden statt", so Oppermann. Schnell gibt der König klein bei und lässt fortan jeden nach seinem Katechismus selig werden. Die Kirche aber erneuert sich von innen heraus: Unter Mitwirkung von Pastor Baurschmidt fordert eine Pastorenkonferenz im Oktober 1862 in Celle die Einführung der Synodalverfassung, sie wird dann wenige Tage vor Baurschmidts Tod als Kirchengesetz verkündet. Und einen Tag, bevor im preußisch-hannoverschen Krieg von 1866 die Truppen Bismarcks Hannover besetzen, wird das Landeskonsistorium errichtet. So überlebt die junge Landeskirche das jähe Ende der Welfen-Monarchie.

Doch das bleibt nicht ohne Folgen. Friederike Fricke (1855 - 1945), eine dem Welfenhaus ergebene und pietistisch angehauchte Unterhaltungsschriftstellerin, ergreift noch 1912 in ihrer Erzählung „Der Erbe" Partei

Der „Luther des Wendlandes"

für den neuen Katechismus, dessen Ablehnung sie als Fortsetzung der Revolutionskämpfe von 1848 deutet. In ihrem Buch muss der welfentreue Pastor Kunze in seiner Gemeinde Hilmsen erleben, wie Baurschmidt auf seiner Reise nach Hannover auch über ihn siegt: „Ein geordneter Zug kam aus Hilmsen; er konnte ihm weit nachsehen. Nun hielt der Zug plötzlich inne; wie eine ruhige, dunkle Masse erschien's ihm von ferne. Jetzt ertönten Rufe; ein Wagen näherte sich auf der Landstraße den Wartenden – plötzlich erklangen die Glocken – seiner Kirche Glocken! Der Wagen hielt, die Glocken schwiegen, und der Wind trug das Lied ihm zu, das er heute zum dritten Mal hörte: *Ein feste Burg ist unser Gott.* (…) Ein Gedanke blitze ihm durch den Kopf: Er hatte von seiner Schwägerin gehört, daß Pastor Baurschmidt vor das Konsistorium berufen wäre – sein Weg führte nicht weit von Hilmsen vorbei – ja sicherlich, ihm galt dieser feierliche Empfang!" Pastor Kruse, vom Konflikt gesundheitlich schon schwer angeschlagen und innerlich tief erschüttert, resigniert, macht sein Testament. Nur weniges kann ihn trösten: „Eine Freude in diesen schweren Tagen war das Erscheinen einer Broschüre von Pastor Münchmeyer in Prezelle, die mit Baurschmidts Flugschrift ins Gericht ging. Der Pastor bekam sie viermal zugeschickt … und sein Herz erquickte sich dran."
Im Sterben noch erfährt der Seelsorger, dass sein Sohn mit Pastor Rudolf Rocholl und dessen Idee einer Freikirche sympathisiert, von der ihm ein Freund berichtete: „Wo steht er denn jetzt?" „In Brese. Das ist ein kleines Wendendorf; Rocholl hat es schön beschrieben in einer Erzählung *Mit Mutterhänden leitet er*, die sehr poetisch und sehr innig ist. Du musst sie einmal lesen. Der Kammerherr Graf Grote ist dort Patron und hat ihm die Pfarre gegeben." Kruse stirbt so doch noch in Frieden mit sich und der Welt.
Baurschmidts Rückkehr nach Lüchow greift dann wieder Heinrich Albert Oppermann in seinem groß angelegten Roman „Hundert Jahre" auf, den Arno Schmidt später als „einzigen politischen Roman der Deutschen" preist und dabei dem Verfasser „redlichen Trotz" zugesteht. Im Roman sitzt der Erzähler Oppermann nachts in einer Kutsche, wilde Wolkenbilder ziehen vorbei und er gerät in „Träumereien, als ich an die Ereignisse mich erinnerte, die verhinderten, dass die officielle Kinderlehre um dreihundert Jahre zurückgeschraubt und die unheimlichen Lehren vom Reiche des Teufels und der Priestergewalt aufgestellt wurden; ich sah, wie ein einfacher Mann gegen die Schriftgelehrten des Consistoriums

Kontrahenten: Autor Oppermann (oben) und König Georg V. (unten)

auftrat, und wie das ganze Land zu dem Archidiakonus Baurschmidt stand, wie sein Weg in das Inquisitionsgericht des Consistoriums wegen seiner Schriften gegen den neuen Katechismus mit Blumen, Teppichen und Kränzen belegt, und er von einer zahlreichen Menge begleitet war, wie seine Abreise von Ahles Schenke bis zum Bahnhofe und in seine Heimat einem Triumphzuge glich, den in dieser Weise Könige selten erleben."

Der Konflikt beflügelte auch in Lüchow viele Menschen zu dichterischen Versuchen. So reimte F. Wiegrefe aus Lübeln zum neuen Katechismus in der hiesigen Zeitung vom 13. August 1862:

„Ich will ihn nicht!
Den Katechismus tausch ich nicht,
Wie lieblich man vom neuen spricht.
Fürwahr! Ich laß mich nicht belauschen,
Für Silber rostig Eisen tauschen.
(…)
Ein treuer Hirte kam zu rechter Zeit,
Und deß sich seine Heerde freut.
Er scheuet weder Stand noch Leben,
Um sich der Prüfung hinzugeben."

Und ein Dr. Scheller pries Baurschmidt öffentlich am 24. Dezember in einem Nachrufgedicht:

„Du edler Mann, Du ächter Gottesmann (o, dass es Jeder hört!)
Du bist der zweite Luther in der Weltgeschichte! – "

Es war wohl die Nähe zu Luther und die Erinnerung an seine Verbrennung der päpstlichen Bannbulle, die dann in Lüchow Bürger beim Empfang von Baurschmidt dazu verleitete, auf dem Schützenplatz die gegen den Lüchower Pastor gerichtete Schrift seines – auch im Fricke-Roman genannten – Kollegen aus Prezelle öffentlich zu verbrennen: „Bei dem Zusammenwerfen der Fackeln wurde dann auch noch ein Exemplar der bekannten Münchmeyer'schen Broschüre den Flammen übergeben; es wollte, von den Flammen emporgehoben, entwischen, aber schnell griffen Turner nach den Fackelstöcken und hieben es nieder" (Zeitungsbericht v.

Vermischtes.

— Der in Bremen erscheinende „Kourier an der Weser“ enthält folgende spaßhafte Annonce des Gastwirths Hemleb: „Großes Krebsfest im Friedenszelt.

Von Fortschritt, Bildung, Einigkeit,
Da schreit man jetzund weit und breit;
Und daß die Welt geht stets retour,
Das merkt allein der Hemleb nur!
Die alte Zeit des Ritterthums,
Der Pfaffenlist, des Minneruhms,
Des Fegefeuers, des Glaubensstreits,
Ist wieder da — die schöne Zeit!
Der Hemleb darum laden läßt
Zum großen Katechismusfest.
Ein wahrhaft kräftig Glaubensbier,
Selbst Scheiterhaufen giebt es hier.
Der Teufel, wie's im Buche steht,
Leibhaftig hier spazieren geht,
Und wer will sein ihm vorgestellt,
Der komm nach meinem Friedenszelt!!
Dompfaffen, Mönche, Spatzen und
Selbst Cerberus, der Höllenhund!
Ja, Alles dreht sich bei mir um
Das Höllenkonsistorium!
Frei ist hier Alles, was Ihr macht,
Wird gleich vergeben über Nacht;
Nur Eins ich nie vergeben kann:
Wenn Jemand Bären bindet an!

Aus der „Zeitung für das Wendland“

30.8.1862) – eine unheilvolle Tradition, die auch in Celle zur Verbrennung des neuen Katechismus durch Kinder führte.
Aber die Wogen glätten sich schnell. Schon drei Jahre nach dem Konflikt, beim Besuch des Königs 1865 in Lüchow, empfängt ihn vor dem Amtshaus eine Ehrenpforte der Bürgerschaft mit den – aus dem Zusammenhang gerissenen – Versen Goethes aus „Tasso" (2. Aufzug, 1. Auftritt): „Und für den Edlen ist kein schöner Glück, / Als einem Fürsten, den er ehrt, zu dienen." Da war Pastor Baurschmidt bereits tot, am 21. Dezember 1864 verstarb er in Lüchow. Aus der Chronik der Stadt von 1949: „Eine so große Anzahl Leidtragender bei einer Beisetzung hat Lüchow nie wieder gesehen wie bei der Beerdigung Baurschmidts. Aus dem ganzen Hannoverlande waren Geistliche gekommen, um ihrem hochverehrten Amtsbruder das letzte Geleit zu geben. Einige der Kränze, die besonders aus der Stadt Hannover in großer Anzahl gesandt waren, wurden bis in die siebziger Jahre unter Glas in der Sakristei des Archidiakonus der Lüchower Kirche aufbewahrt. Sein Bild hing dort, wie auch in den Wohnungen vieler Gemeindemitglieder, bis in die neunziger Jahre".
Aus seiner Familie stammen Charlotte und Hermann Bauerschmidt, die der Berliner Senat nach dem Zweiten Weltkrieg als „Unbesungene Helden" ehrte, weil sie eine jüdische Familie schützten und ihr bei der Flucht vor den Nazis halfen.
„So lange es ein Land gibt, das Deutschland heißt, und (es) in diesem Lande eine Religion gibt, die protestantisches Christenthum heißt, wird Dein Name genannt werden..." – Die Prophezeiung des Nachrufes der „Zeitung für das Wendland" vom 28. Dezember 1864 erfüllte sich nicht. Zwar sprach 1964 Propst Günther Marr davon, dass „sich noch heute (auf dem Alten Friedhof an der Salzwedeler Straße) das Denkmal befindet", aber Baurschmidts Grab in Lüchow ist mittlerweile verschollen. Und nur wenige können etwas mit seinem Namen anfangen. Aber hundertsiebzehn Jahre nach dem Protest, 1979, machen die Wendländer es dem Archidiakon nach und führen den atomaren Widerstands-„Treck" von Gorleben nach Hannover, auch sie schreiben damit Landesgeschichte. Danach erklärt Ministerpräsident Albrecht den Bau einer Wiederaufbereitungsanlage (WAA) im Wendland für politisch nicht durchsetzbar...
Der dritte Schriftsteller, der diese unruhigen Zeiten darstellt, heißt Oskar Meding (1828 – 1903), ein ehemaliger hannoverscher Diplomat und Vielschreiber unter dem Pseudonym Gregor Samarow. In seinen

Schillernder Diplomat und fleißiger Autor: Oskar Meding

Erinnerungen unter dem Titel „Vor dem Sturm“ (1881), den er dem gleichnamigen Romans Fontanes von 1878 entlieh, schildert Meding als Augenzeuge ausführlich die Gegensätze innerhalb der hannoverschen Staats- und Kirchenführung in der Katechismusfrage. Dabei gibt er sehr persönliche Eindrücke wieder, heute würde man von „Schlüssellochperspektive“ sprechen. So erzählt er davon, dass nach überstandener Krise das Satireblatt „Kladderadatsch“ eine Zeichnung abdruckt, auf der ein Mann mit dem neuen Katechismus und einem Schlüssel in der Hand auf ein „Örtchen“ zuläuft. Die dazugehörige Unterschrift lautet: „Durch eine heut erschienene Königl. Verordnung wird das Gebot der allgemeinen Einführung des neuen Katechismus aufgehoben, jedoch freier Gebrauch des letzteren gestattet, wo Bereitwilligkeit dazu vorhanden ist.“ Ganz Deutschland lacht so über den vom wendländischen David besiegten hannoverschen Goliath, aber auch der blinde König, schreibt Meding, „amusirte sich über dieses Bild ganz ungemein.“
Schon vorher hat Meding in seinem Roman „Um Szepter und Kronen“ (1874) das Wendland porträtiert, das der Autor bei seinem Staatsbesuch zusammen mit dem König von Hannover kennen und schätzen lernte. Als Berater des Herrschers logiert er damals in Breese im Bruche und erlebt das dortige rauschende „Königsfest“ im Schloss am 14. Juli 1865. Literarisch schlägt sich das in seinem Roman nieder: Eine der Romanfiguren, ein finsterer Kandidat der Theologie, wirbt um die Pastorentochter Helene aus dem Dorf Blechow beim Schloss Wendenstein, das dem Rundling und dem (heute weitgehend abgerissenen) Schloss in Breese entspricht.
Zwischen den beiden jungen Menschen bahnt sich in der Erzählung ein Streit an, als Helene ihre wendländische Heimat gegenüber dem Studierten aus Hannover verteidigt: *„So ganz vom Verkehr abgeschnitten, wie Du glaubst, sind wir hier auch nicht. Im letzten Winter haben wir sogar recht oft im Schlosse getanzt. - Getanzt!?* rief der Kandidat und faltete die Hände über der Brust. *Gewiß,* rief Helene, *die Gesellschaft von Lüchow kam oft herüber, - und wir waren eben so vergnügt, als man es in Hannover nur sein kann.“*
Dazu passen auch die Landschaftsschilderungen aus Medings Roman: „In der Gegend der hannöverischen Stadt Lüchow liegt jener reiche und eigenthümliche Landstrich, den man – abgesehen von den offiziellen Landeseintheilungen – allgemein mit dem Namen *das Wendland* bezeichnet.

Aus Hannover.

Telegraph. Depesche: Hannover, 21. August. „Durch eine heut erschienene Königl. Verordnung wird das Gebot der allgemeinen Einführung des neuen Katechismus aufgehoben, jedoch freier Gebrauch des letzteren gestattet, wo Bereitwilligkeit dazu vorhanden ist."

Aus dem Satireblatt „Kladderadatsch"

… Hier die einfache Kirche eines stillen Dorfes, dort das Dach eines alten Edelsitzes, weiterhin der Umriss einer kleinen Stadt …, von welcher man schon beim ersten Anblick das Gefühl hat, es müsse sich friedlich da wohnen lassen, fern vom Geräusch der Welt, deren brausende und rauschende Wellen nur im langsamen Abrollen hier an diese ruhige Wohnstätten stiller Menschen heranspülen."

Gertrud Kelletats Zeichnung der Gutskapelle Breese im Bruche

9.

Mit dem „langsamen Abrollen" des Weltgeschehens ist es im 20. Jahrhundert allerdings bald vorbei. Die zwei Weltkriege erschüttern auch im Wendland die Grundfesten der Zivilisation. Am 29. Juni 1944 beendet der Lüchower Propst Martin Hartwig seine Aufzeichnungen aus der NS-Zeit. In der Hoffnung, dass die Regierenden diese schonungslosen Zeilen nicht lesen würden, schreibt er: „Bedrückend sind die Fälle von moralischer Verirrung, der in letzter Zeit Eheleute anheim gefallen sind. Eheliche Untreue war früher eine Seltenheit, jetzt ist sie das nicht mehr. Frauen verlassen ihre Männer und schließen sich an andere an, die wieder ihre Frauen verlassen. Das Gesetz legt dem wenig Hindernisse mehr in den Weg, und die öffentliche Meinung nimmt das, wie vieles andere, ohne Widerspruch hin. Die furchtbaren Dinge, die jetzt in aller Welt geschehen und täglich den Menschen gemeldet werden, machen auf die Dauer stumpf und gleichgültig. Es tritt mehr und mehr eine Art Fatalismus ein, der alles gehen lässt, wie es eben gehen will." Empört ist der Propst auch über ein Künstlertreffen vom 25. März des Jahres, bei dem viel vom „göttlichen Funken", „deutscher Seele" und „ahnendem Glauben" die Rede ist. Im Lüchower Hotel Jahn spricht dabei auch der Schauspieler und Lyriker Thilo Schmidt aus Kacherien im Namen der „Dichter und Maler, Musikanten, Schauspieler oder Baukünstler" des Wendlandes. Doch der von der NSDAP für die Künstler veranstaltete Abend stößt dem Propst auf: „Und dann wäre es besser, wenn die unteren Stellen der Partei und Führung alles vermeiden, was bei der Bevölkerung Anstoß verursacht, wie zum Beispiel eine Tagung sogenannter Kunstschaffender, die Anfang dieses Jahres in Lüchow stattfand und bei der die etwa 40 Geladenen aufs reichlichste mit Speisen bewirtet wurden, die sonst kaum jemandem zur Verfügung stehen, den Wein nicht zu vergessen. Daß die Partei solche Missgriffe in dieser Zeit begeht, zeigt, daß sie den Ernst dieser Monate ebenso wenig begriffen hat, wie das Denken des Volkes über sie."

Dieser Schlemmerei der Nazi-Barden stehen die gleichzeitig abgedruckten zahlreichen Aufrufe in der Zeitung gegenüber, doch ja an Paketschnur zu sparen, dem Winterhilfswerk zu spenden, die Verdunkelung zu beachten, Lebensmittel zu rationieren, dem Feindsenderverbot zu folgen, hart zu bleiben und nicht zu verzagen. Da kommen einem Heinrich Heines

Der Heimatdichter Harry Halbom und eine Laienspielschar

Verse aus „Deutschland. Ein Wintermärchen" in den Sinn, in denen ein Harfenmädchen mit falscher Stimme vorträgt:

„Sie sang das alte Entsagungslied,
Das Eiapopeia vom Himmel,
Womit man einlullt, wenn es greint,
Das Volk, den großen Lümmel.

Ich kenne die Weise, ich kenne den Text,
Ich kenn auch die Herren Verfasser;
Ich weiß, sie tranken heimlich Wein
Und predigten öffentlich Wasser."

Der stille Protest des Propstes wird von ihm in die neue Kupferkugel des am 14. Juni 1944 durch Blitzschlag beschädigten Glockenturms eingelegt…

Über das Ende der Naziherrschaft im Frühjahr 1945 in Lüchow berichtet Wilhelm Grupe, langjähriger Zeitungsredakteur und Verfasser zahlreicher Anekdoten aus der Stadt, in seinem Tagebuch, das durchgehend um eine angemessene, sachliche und manchmal fast poetische Darstellung der Vorgänge bemüht ist. Dabei spiegeln die Anmerkungen über die Jahreszeiten die Notlage von 1945 wieder: „Die Vegetation ist um 3 bis 4 Wochen weiter vorgeschritten als im April des Jahre 1944, Kirschen und Birnen blühen und haben verheißungsvoll angesetzt...". Dann: „Seit 2 Tagen herrscht kühles Wetter, das Thermometer sank nachts auf den Gefrierpunkt. Tischler und Glaser sind andauernd mit dem Vernageln oder Verglasen zertrümmerter Fenster beschäftigt."

Tage später: „Ein buntes, still-feierliches Bild zeigten unsere Straßen bei heiterem Sonnenschein. Am ersten Pfingsttage belebten die vielen Menschen, die Lüchow jetzt beherbergt, die Straßen und namentlich den Amtsgarten, während der schöne Schützenplatz, auf dem sich das Lazarett befindet, vereinsamt daliegt." Die Aufzeichnungen enden mit dem Eintrag: „In den oberen Räumen des Ratskellers sind bis zum heutigen Tag über 6000 entlassene oder aus der Gefangenschaft entflohene deutsche Soldaten sowie ca. 2000 Flüchtlinge aus dem Osten und Westen, die auf dem Weg in ihre Heimat unsere Stadt passierten, für einen Tag oder mehrere Tage und Nächte beherbergt worden" – Herzogin Sophie Elisabeth hätte dieses Asyl gefreut.

So sah ein Besatzungsoffizier im August 1945 Norddeutschland

10.

Doch vorher, 1942, gibt es keine Heimstatt für Menschen in Lüchow, die angeblich anders sind. Die von Leid geprägten Erinnerungen der Lüchowerin Margarete Mansfeld (Jahrgang 1903) an die Zeit der Judenverfolgungen schreibt sie 1979 für ihre Stieftochter auf: „Mein Elternhaus stand in Lüchow, einer Stadt von damals 3 000 Einwohnern. Mein Vater Siegmund Mansfeld war 1869 geboren. Seine Vorfahren waren alle jüdischen Glaubens. Er selbst nahm es mit den religiösen Vorschriften nicht mehr so genau."

Die Nationalsozialisten ermorden ihn, der Mitglied der Jägerkompanie der Schützengilde Lüchow ist, und seine große Familie, die vorher viel Leid und Verfolgung zu ertragen hat. In der Pogromnacht im November 1938 überfallen fünf unbekannte Männer das an den Glockenturm angrenzende Haus der Mansfelds in der Kalandstraße Nr. 5 und demolieren die Räume. Sie zerschlagen das gesamte Steingut und Porzellan aus dem Laden Siegmund Mansfelds oder werfen es auf die Straße, danach verwüsten sie auch die nebenan liegende Wohnung des Schuhmachers Kautz. Dessen Tochter ruft: „Was macht ihr denn da, wir sind doch gar keine Juden" – woraufhin die Männer das Weite suchen. Erst nach fünfzig Jahren des Schweigens wird in Lüchow wieder von dieser Nacht gesprochen, erinnert man sich an die Opfer. Es sind Menschen, die als Kinder Zeugen des Überfalls und seiner Folgen wurden. Die junge Lydia Grebien aus Grabow berichtet: „Weil ich morgens schon vor Schulöffnung in Lüchow ankam, ging ich immer erst für eine dreiviertel Stunde zum Schuster Kautz am Glockenturm. Der ganze Hof lag immer voller Schuhe, die auf eine Reparatur warteten. Als ich eines Tages morgens früh bei Schuster Kautz ankam, sah ich, dass seine Schaufenster und seine Steppmaschinen kurz und klein geschlagen waren. Herr Kautz war sehr aufgeregt darüber. Diese Aktion sollte nicht ihm, sondern dem Hauseigentümer Mansfeld gelten, der Jude war. Ich ahnte damals mit meinen 11 Jahren nicht, dass in der Reichskristallnacht vom 9./10.11.1938 die Vernichtung der Juden eingeleitet wurde. In der Schule wurde nicht darüber gesprochen." Und ein Nachbarskind: „Wir hörten abends plötzlich das Klirren, da sind wir raus und haben gesehen, daß da ein paar Männer weggelaufen sind. Und dann lag das ganze Geschirr von dem Mansfeld auf der Straße ... Das haben sie alles rausgeworfen

Lüchows Bürger Siegmund Mansfeld (2. v. r.) im Kreise seiner Freunde

und kaputtgeschmissen, nebenan bei dem Schuhmacher Kautz haben sie die Schuhmacherei zerstört. Am Tag drauf, ich war elf Jahre, sind wir hingegangen und haben uns das angeguckt und rausgesucht, was wir gebrauchen konnten von dem Kram, der da nun lag, als Kind, nicht? – uns haben die Leute eigentlich leidgetan, weil wir sie kannten, die wohnten ja schon seit eh und je da und wir konnten das gar nicht fassen, dass die so was machen..."
Aufgrund der Verordnung über eine „Sühneleistung der Juden" muss Siegmund Mansfeld nicht nur seine erlittenen Schäden, sondern auch die des „arischen" Mieters Kautz auf eigene Kosten ausbessern lassen. Dann geht es der Familie ans Leben. Margarete Mansfeld erinnert sich: Nachdem schon die Geschwister in die Konzentrationslager Riga und Buchenwald gekommen sind, „erwartete mich nur einen Monat später der nächste Schlag. Im Juni 1942 riefen mich meine Eltern nach Lüchow. Man hatte auch sie zum Abzug in ein Lager vorgesehen. Dem Vater, der seinen Garten so liebte, erzählte man, dort könne jeder einen kleinen Garten bestellen. Und er glaubte es! Wie wurden wir doch belogen und betrogen! (...) Von den alten Bekannten grüßte öffentlich aus Angst keiner mehr, nur noch heimlich behandelte man uns als Menschen. Unser ev. Ortspfarrer Schröder kam oft zu meinem Vater, um sich hebräische Bücher auszuleihen. Beim Pogrom 1938 bot er an, eine Leiter hinten am Haus anzulegen, um meine Eltern bei einem eventuellen Überfall zu retten."
17. Juli 1942. In der Mittagszeit schleppen der halbblinde 72-jährige Siegmund Mansfeld und die gleichaltrige schwerkranke Johanna Mansfeld nach der staatlichen Beschlagnahme ihres Vermögens und der verlangten Ablieferung ihrer Hausschlüssel auf dem Polizeirevier entsprechend ihrem Evakuierungsbefehl ihren Handwagen in der Mitte der Langen Straße in Lüchow mit den auf Anordnung der Behörden pro Person erlaubten 50 Kilo Handgepäck und dem an Lebensmitteln zugelassenen Mundvorrat für zwei Reisetage unter Bewachung von zwei auf dem Bürgersteig gehenden Ortspolizisten und ohne von auch nur einem Bürger ihrer Stadt gegrüßt oder angesprochen oder verabschiedet zu werden zum Bahnhof und besteigen dort einen für mit dem Judenstern gekennzeichnete Menschen bestimmten Güterwaggon zum Abtransport ins Konzentrationslager Theresienstadt.

-17-

Und so bin ich alte Frau die letzte Braunschweiger Jüdin, die in Theresienstadt gewesen und wieder in die Heimat zurückgekehrt ist.

Möge auch über Euch allen der Friedensgruss walten:

Schalom!

119

Wieder vorlegen am 1/5. 42.
L., den 31. Jan. 1942
D. B.
Vorgelegt am

Wieder vorlegen am 1/12. 42
L., den 1. Mai 1942
D. B.
Vorgelegt am

Der Bürgermeister
als Ortspolizeibehörde
B - W.

Lüchow, 11. Aug. 1942

1) Mansfeld ist am 17.7.42 von der Geheimen Staatspolizei evakuiert worden. Ein Bericht dürfte sich erübrigen.

% %

2) Zu den Akten: II - 3. - 9.

Schluss der Aufzeichnungen von Margarete Mansfeld –
Schluss der Akte zu Lüchows jüdischen Bürgern

Am 15.4.1943 wird dort Siegmund Mansfeld, am 14.4.1944 Johanna Mansfeld ermordet. Lüchows Bürgermeister vermerkt in der Akte nach der erfolgten Deportation und wissend, wohin die Reise geht: „Ein Bericht dürfte sich erübrigen".
Margarete Mansfeld schließt ihre Erinnerungen mit den Worten: „Manchmal sehe ich mit Befremden, wie sich hier und dort von jener katastrophalen Bewegung wieder etwas regt. Von meinen Verwandten lebt keiner mehr - sie wurden ausgerottet."
Der Göttinger Schriftsteller und Schreyahn-Gast Guntram Vesper schreibt über die finsteren Zeiten die Gedichte „Wintergesicht" und

„DUNKLES LÜCHOW

Ich hörte
die Häuser in der Frostluft
mit den Ziegeln knirschen

und stellte mir die Menschen vor, wie sie
hinter den Mauern in ihren
schweren Ehebetten lagen und stöhnten

unten konnte
viel Blut
im Pflaster versickern."

Eine Gedenktafel am Glockenturm in der Kalandstraße, am 11. November 1995 eingeweiht, nennt alle Namen der Opfer und erinnert so an die neunköpfige Familie Mansfeld aus Lüchow.

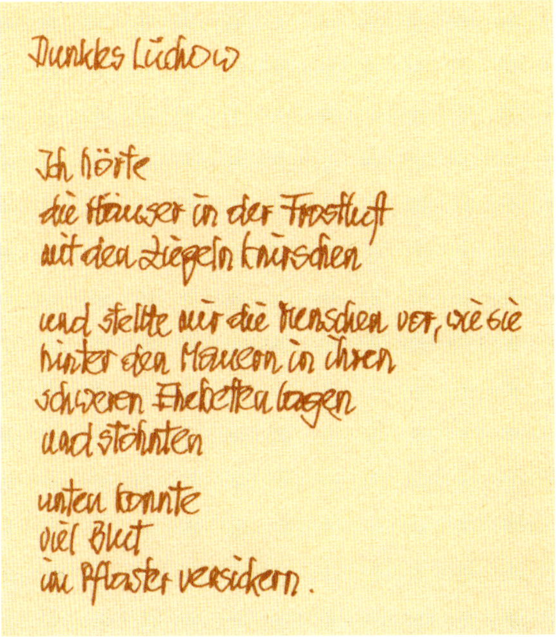

Dunkles Lüchow

Ich hörte
die Häuser in der Frostluft
mit den Ziegeln knirschen

und stellte mir die Menschen vor, wie sie
hinter den Mauern in ihren
schweren Ehebetten lagen
und stöhnten

unten konnte
viel Blut
im Pflaster versickern.

Autograph Guntram Vesper / Gedenktafel am Glockenturm

11.

Die Reporter, die in der jungen Bundesrepublik häufiger in das vom Wirtschaftwunder übergangene Zonenrandgebiet an der Elbe fuhren, um von der dortigen Not zu berichten, sind wenig an Lüchow interessiert. Ebenso die Journalisten, die seit den siebziger Jahren über Gorleben berichten oder die eigenwillige Kunst- und Kulturszene der prominenten Stadtflüchtlinge um Uwe Bremer, Hans Christoph Buch und Nicolas Born vorstellen wollen.

Als der Dichter Karl Krolow 1969 die Reportage „Flug über Heide, Moor und grüne Berge" schreibt, vermerkt er schon auf der ersten Seite, wie unauffällig die norddeutsche Tiefebene aus der Vogelperspektive wirkt: „ein Gebiet, das sich einfach, wenn auch bei aller Einfachheit nicht übersichtlich gliedert mit seinen breiten Niederungen, seinen sich nur andeutenden Bodenerhebungen, seinen Wäldern, Heiden, wie ausgeräumt erscheinenden Terrains, leeren Gebieten der horizontalen Einsamkeit, die kaum noch Siedlungen aufweist, wenn es dem niedersächsischen Wendland zugeht und man die Kreise (sic!) Lüchow-Dannenberg unter sich hat......". Beim Weiterflug über das „Notstandsgebiet" spricht Krolow dann vom „'Halbinselland' um Lüchow und Dannenberg, den beiden Städten unfern der Grenze, die bei aller Not dennoch keine sterbenden Städte wurden."

Andere Gäste reisen lieber nach Schnackenburg, der einsamsten Stadt im äußersten Winkel der Bundesrepublik, in den früher „goldenen", jetzt aber verarmten Lemgow, ins Krisengebiet um Gorleben, suchen ins Auge fallende Punkte wie die Dömitzer Brückenstümpfe oder den Blick vom Weinberg in Hitzacker über die Elbe. Wieder steht Lüchow zurück.

Bei der Journalistin Gabriele Goettle, die in Schnackenburg recherchiert, heißt es lapidar: „Weiter im Land drinnen, noch hinter Dannenberg und nicht zu sehen, liegt Lüchow" – so ändern sich die Perspektiven.

Lüchows alter Stadtkern westlich der Jeetzel

12.

Völlig neue Sichtweisen bringt aber die Grenzöffnung vom 9. November 1989, bei der zehntausende neugieriger DDR-Bürger von ebenso neugierigen Bundesbürgern in Lüchow begeistert empfangen werden. Das ist dann den Reportern wieder eine Geschichte wert. Es geht um den ersten Salzwedeler, der am Abend des 9. Novembers die Grenze passieren darf: Bruno Friedrich, Eisenbahner, verheiratet. Nach dem Eintrag in das Goldene Buch an der Grenzstation Bergen/Dumme nimmt ihn der Bevensener Werner Schabert mit in die Kreisstadt des Wendlandes. Toralf Staud berichtet in der „ZEIT": „Sie fuhren nach Lüchow und machten einen Schaufensterbummel. Die ersten Trabbis tauchten auf ... In einer Eckkneipe brannte noch Licht. Werner Schabert spendierte eine Flasche Sekt, und als der Wirt hörte, dass hier der erste DDR-Bürger saß, der über die Grenze gekommen war, gab es alles umsonst. Schnell herrschte ausgelassene Stimmung ... *Haste Hunger?*, fragte die Kellnerin. Die junge Frau war selbst erst vor ein paar Wochen über Ungarn in den Westen gekommen. Auf einem extra großen Teller brachte sie ihm Würstchen und Kartoffelsalat - *Freiheit* stand mit Senf geschrieben auf dem Rand. Bruno Friedrich fielen die bunten Paprikaringe auf, rot und gelb und grün.
P.S. Bruno Friedrich wurde 1995 von der Reichsbahn entlassen und ist bis heute ohne Arbeit. Seit drei Jahren lebt er in Scheidung. Der Kontakt zu Werner Schabert brach kurz nach der Grenzöffnung wieder ab."
Lüchows Beziehung zur hanseatisch geprägten größeren Nachbarstadt Salzwedel, am gleichen Fluss gelegen, aber durch eine jahrhundertealte Landesgrenze mal getrennt, mal gutnachbarlich verbunden, fasziniert auch die Dichter. Der Schriftsteller Uwe Herms erkundet 1990 von Lüchow aus seine Geburtsstadt: „Salzwedel: Eine Erinnerung", und die eine Zeit in Schreyahn lebende Autorin Brigitte Struzyk spürt mentale Grenzen auf: „Fährt der Bauer in die Stadt - das hier ist Salzwedel, nicht Lüchow und nicht Dannenberg, Salzwedel wie ehedem, als man die Pferde anschirrte - dann kontrolliert er die Grenze. Jedes Mal hält er an, wo er seinen Hut an die deutsche Teilung verloren hatte, und spuckt aus."
Der Lyriker Georg Oswald Cott schreibt nach der Öffnung der Grenze ein Gedicht, das auch die neuen Perspektiven für Salzwedel und seine Nachbarn andeutet:

Offizielle Landkarte der DDR:
Was wussten die Altmärker vom Wendland?

„Rauchfeuer

Ständig Nachtfrost macht
die Bauern störrisch

Rauchfeuer tarnen
Erntekombinen
Sie erzählen Legenden

es gäbe Fische
die über Land gehen
auf Salzwedel zu

sein schiefer Turm
fällt und fällt nicht

plötzlich gibt's Schokolade
die Bäcker im Ort verlieren
die Scheu vor der Statik

ihre Baumkuchen
stehen kopf und locken
die Leute aus Lüchow."

Die Schriftstellerin Elke Heidenreich schildert in einer Erzählung ein heimliches Liebespaar, das sich nach gemeinsam verbrachten Hotelnächten wieder trennt: „Am Bahnhof kaufte sich Franziska eine Zeitung und las, als sie in ihrem Erste-Klasse-Abteil saß, daß in diesen Tagen, in denen sie mit Heinrich so glücklich und so beschäftigt im Bett gelegen hatte, daß in diesen Tagen vom sechsten bis zum elften November 1989 die Berliner Mauer gefallen war. Sie hatten nichts davon bemerkt." Beide drehten, so der Titel, „Der Welt den Rücken" zu. Die Stadt Lüchow verpasst diesen historischen Augenblick nicht. Ihre Bürger wenden sich der Welt zu, nehmen die unerwartete Herausforderung an, meistern sie mit Augenmaß und Geschick. Und fast jeder in Lüchow weiß noch heute von diesen Tagen zu erzählen.

Rauchfeuer

Ständig Nachtfrost macht
die Bauern stürmisch

Rauchfeuer tarnen
Erntekombinen
die erzählen Legenden

es gäbe Fische
die über Land gehen
auf Salzwedel zu

dein schiefer Turm
fällt und fällt nicht

plötzlich gibt's Schokolade
die Bäcker im Ort verlieren
die Scheu vor der Statik

ihre Baumkuchen
stehen Kopf und locken
die Leute aus Lüchow

Georg Oswald Cott

Autograph Georg Oswald Cott

13.

Kurios wird es, wenn die junge Schriftstellerin Annegret Kunkel, Jahrgang 1971, unter dem Pseudonym „Sophie Dannenberg" den Roman „Das bleiche Herz der Revolution" (2004) über das Wendland schreibt, in dem wütend, pauschal und voll „brutaler Verlogenheit" mit den 68ern und der Anti-Atombewegung abgerechnet werden soll. Die Rezensionen fielen entsprechend aus: „Der Hass sollte ... nicht blind machen ... Das alles ist völlig holzschnitthaft und ödeste Kolportage", schreibt die „Süddeutsche Zeitung", und die „ZEIT" attestiert ihr ein „hybrides Weltbild". Andere nennen die Autorin das „Tinchen von Lüchow", verspotten ihr Buch als „Schwiemelprosa", „Furzkissen" oder „Kettensägenmassaker".
Die Handlung ist verworren und das Lokalkolorit dabei so grundfalsch angelegt, dass es schon wieder zum Lachen ist (die Autorin selbst bekennt: „während meiner Recherchen zu diesem Roman habe ich oft gelacht"): In einer Lüchower Schule „betet eine Steinmaria die Namen der Schüler an, die im Krieg gefallen waren", und über ein Lüchower Lokal heißt es: „Ihre Schritte verhallten im Ratskeller. Es gab keine Fenster. Unter den Tischen ballte sich Dunkelheit". Von einer anderen Stelle wünscht man sich nur seufzend, sie wäre wahr: „Mit der Regionalbahn fuhr ich zurück nach Lüchow. Die Ackerfurchen glänzten im Regen, die Züge auf dem anderen Gleis zischten, ihre leeren Abteile flogen wie leuchtende Hülsen an mir vorbei. In Lüchow war ich die einzige, die aussteigen wollte..." – bitte gleich wieder einsteigen!

Vorbei ... Lüchows Bahnhof in alten Zeiten

14.

Treffendere, genauere literarische Beobachtungen zu Lüchow kommen von den Gästen der niedersächsischen Stipendiatenstätte „Künstlerhof Schreyahn", die in ihren vier Ateliers jeweils zwei Dichter und zwei Musiker beherbergt. Obwohl das Hauptinteresse der überwiegend zum ersten Mal ins Wendland gereisten Autoren zunächst eher dem ungewohnten Umfeld des Rundlingsdorfes gilt, dann der als einmalig empfundenen Natur, den Störchen, Nachtigallen und Fröschen, später der Elbtalaue oder Gorleben, Hitzacker und Schnackenburg, ist Lüchow stets in ihren Texten präsent.
Als einer der Ersten hat der Schriftsteller Guntram Vesper in der Zeitschrift „NATUR" die langwierige Anreise beschrieben, wie sie sich noch 1986, zur Zeit der Zonengrenze, gestaltete: „Wenn man in Hannover den Intercity verlässt und in einen der Schnellzüge nach Hamburg steigt, die längst bessere Eilzüge geworden sind, wenn man den Zug bis Uelzen benutzt und dort auf dem Bahnhofsvorplatz den Bus sucht, wenn man sich von diesem Bus zwei Stunden über die Dörfer nach Osten schaukeln lässt, in die Dämmerung hinein, dann kann man am Ende der Reise die Füße wieder auf die Erde setzen, man ist in der Kreisstadt angekommen, dem abendlich stillen Lüchow (...) Eine Kleinstadt von siebentausend Einwohnern. Ihre Eigenart einer aus sich heraus lebenden Welt ist deutlich erkennbar geblieben. Es gibt ein Gymnasium, ein Lokalblatt mit Tradition, die Elbe-Jeetzel-Zeitung. Lange Hauptstraße, Markt, Kanal, ein Café mit Räumen wie aus den dreißiger Jahren. Vor der Stadt nach allen Seiten Ebene in flachen Wellen, ein Landstrich, seitab schon früher, jetzt in den Winkel zwischen Elbe im Osten und noch näherer Grenze im Süden geklemmt."

Wenn man in Hannover den Intercity verläßt und in einen der Schnellzüge nach Hamburg steigt, die längst bessere Eilzüge geworden sind, wenn man den Zug bis Uelzen benutzt und dort auf dem Bahnhofsvorplatz den Bus sucht, wenn man sich von diesem Bus zwei Stunden über die Dörfer nach Osten schaukeln läßt, in die Dämmerung hinein, dann kann man am Ende der Reise die Füße wieder auf die Erde setzen, man ist in der Kreisstadt angekommen, dem abendlich stillen Lüchow. Eine Kleinstadt von siebentausend Einwohnern. Ihre Eigenart einer aus sich heraus lebenden Welt ist deutlich erkennbar geblieben. Es gibt ein Gymnasium, ein Lokalblatt mit Tradition, die Elbe-Jeetzel-Zeitung. Lange Hauptstraße, Markt, Kanal, ein Café mit Räumen wie aus den dreißiger Jahren. Vor der Stadt nach allen Seiten Ebene in flachen Wellen, ein Landstrich, seitab schon früher, jetzt in den Winkel zwischen Elbe im Osten und noch näherer Grenze im Süden geklemmt.

Guntram Vesper

Autograph Guntram Vesper

15.

Es scheint, als habe Guntram Vesper mit dieser Annäherung an die Stadt ein literarisches Muster vorgegeben, dem viele spätere Texte folgen. So erkundet die Hauptfigur in dem Roman „Klaus Ant" (1996) aus der Feder Ludwig Homanns Lüchow: „Er schlendert über die Hauptstraße mit ihren Fachwerkgiebeln, lehnt am Geländer der Jeetzelbrücke, tritt in die Johanniskirche, setzt sich auf eine Bank im Amtsgarten und lässt sich von der Sonne bescheinen." Otto A. Böhmers Satire „wenn die Eintracht spielt" (2007) meint es noch besser: „Auch in Lüchow wütete der Frühling, das Städtchen gab sich mediterran. Das Flüsschen schimmerte wie Goldlaub, aus den Cafés waren die verfügbaren Stühle und Tische nach draußen geschleppt worden, und da saßen sie nun, die ehemals verfrorenen Wendländer Bürger, und blinzelten ratlos in die Sonne."
Ein weiterer Gast des Künstlerhofes, Jochen Missfeldt, Pilot und Verfasser mehrerer Romane, hat in seinem Porträt „Wendland: Rundlinge" einen Hund erfunden, der Lüchows Sagenschatz um die im Amtsgarten spukende Schlossherrin, „die Gräfin mit dem Eberzahn", entspringt: „Arme Gräfin von Lüchow! Ihr Geist findet keine Ruhe, schleicht wie ein Hund allnächtlich um die Burg. Und die Jeetzel schäumt weiß übers Wehr. Wäscht dieser kleine Elbe-Nebenfluss hier an der Brücke das weiße Gräfinnen-Kleid, jenes berühmte, von vielen sagenhaften Frauen getragene weiße Kleid, das auch diese adelige Dame trug, als sie ihren Liebsten erschlagen ließ?" Später lässt Missfeldt einen „kleinen, wahrscheinlich altersverwirrten Mann im Lodenmantel" mit seinem Bollerwagen mitten auf der Langen Straße den Verkehr zum Erliegen kommen: „Motorräder, Personenautos, kleine und große Laster, Tieflader, Möbeltransporter, einfamilienhausgroße Zuckerrüben- und Kartoffelwagen, gezogen von zweimannhohen Traktoren mit ebenso hohen Reifen, stehen still, stoßen Lärm und Abgase ins Gemüsegeschäft, wo Porree, Tomaten, Sellerie und Salat vor der Tür in Holz- und Kunststoffkisten liegen. Wer den kleinen Alten zum Bürgersteig begleitet und ihn fragt: 'Wo wollen Sie denn hin', erhält zur Antwort: *in die Stadt, in die Stadt*." Über die klärt Jochen Missfeldt seine Leser auf, fliegt mit dem Motorsegler drüber hinweg und erkundet Spuren der Hansezeit, eher er die ehemals überlebenswichtige Schützengilde beäugt: „Aus dem bitteren Ernst ist längst Spiel geworden, und aus dem Spiel eine ernst genommene Tradition."

Arme Gräfin von Lüchow!
Ihr Geist findet keine Ruhe,
schleicht wie ein Hund all-
nächtlich um die Burg. Und
die Jeetzel schäumt weiß
übers Ufer. Wäscht dieser
kleine Elbe-Nebenfluss hier
an der Brücke das weiße
Gräfinnen-kleid, jenes berühmte,
von vielen sagenhaften Frauen
getragene weiße Kleid, das
auch diese adelige Dame
trug, als sie ihren Liebsten
erschlagen ließ?

Autograph Jochen Missfeldt

16.

Eine Spezialität der Schreyahner Autoren scheinen die zahlreichen Gaststätten Lüchows zu sein, in denen sie sich mit ihren Freunden und Bekannten treffen. Jochen Missfeldt sitzt ebenso gern wie die Lyriker Ralph Grüneberger und Heinz Kattner beim Donnerstags-Stammtisch im „Bistro" und lässt sich vom Wirt Nico das Taxi rufen, weil er unbesorgt „ein paar Bier trinken will", Wilhelm Bartsch hingegen schreibt das Gedicht „Café 'Wendel' Lüchow". Ein kleiner Regenschauer hat den Lyriker hier Zuflucht suchen lassen, jetzt sitzt er da, ein warmes Getränk vor sich, gedämpftes Licht, Gläserklirren, Zeitungsrascheln, Gesprächsfetzen vom Nachbartisch:

„Ihr Hoffriseur heißt Lutz von Landregen
vermutlich - hat er doch den späten Mädchen
silbrige Nixensträhnen angestrubbelt
- o den verpassten guten Unglückschancen! -
Schön nasses Frauenselbstbewußtseinszischeln
treibt sie zu Paaren ins Café - mein Tisch
bleibt Luft für sie - o frischster Krähenwinkel!"

Der Schriftsteller Walter Aue, 2005 Gast in Schreyahn, führt hier ein bislang unpubliziertes Tagebuch. Seine fiktiven Begleiter sind dabei die toten Dichter Theodor Fontane, Nicolas Born und Fernando Pessoa, der von seiner Neigung berichtete, „um mich herum eine fiktive Welt zu schaffen, mich mit Freunden und Bekannten zu umgeben, die nie existiert haben (selbstverständlich weiß ich nicht, ob sie nie wirklich existiert haben oder ob ich es bin, der nicht existiert)." Walter Aue schreibt über die drei Autoren seit Jahren Porträts, reist ihnen nach oder, wie im Fall Fontane, errichtet ihm ein kreatives Fontane-Museum in seinem Wohnort Strodehne an der Havel. Immer wieder kommt er auf sie und ihre Werke zurück, auch als er, den Spuren Wilhelm Hauffs bei dessen legendären „Phantasien im Bremer Ratskeller" folgend, zum Abschied im Dezember nach Lüchow fährt, „um mit KAVEN und WENIGER, den beiden Schauspielern, ein Bier im MENDEL zu trinken. Wie es der Zufall will oder die Phantasie des Schreibenden es arrangiert, sind auch Fontane und Pessoa wieder dabei, was Axel und die beiden Theaterleute besonders erfreut. Denn meines Wissens waren weder Pessoa noch

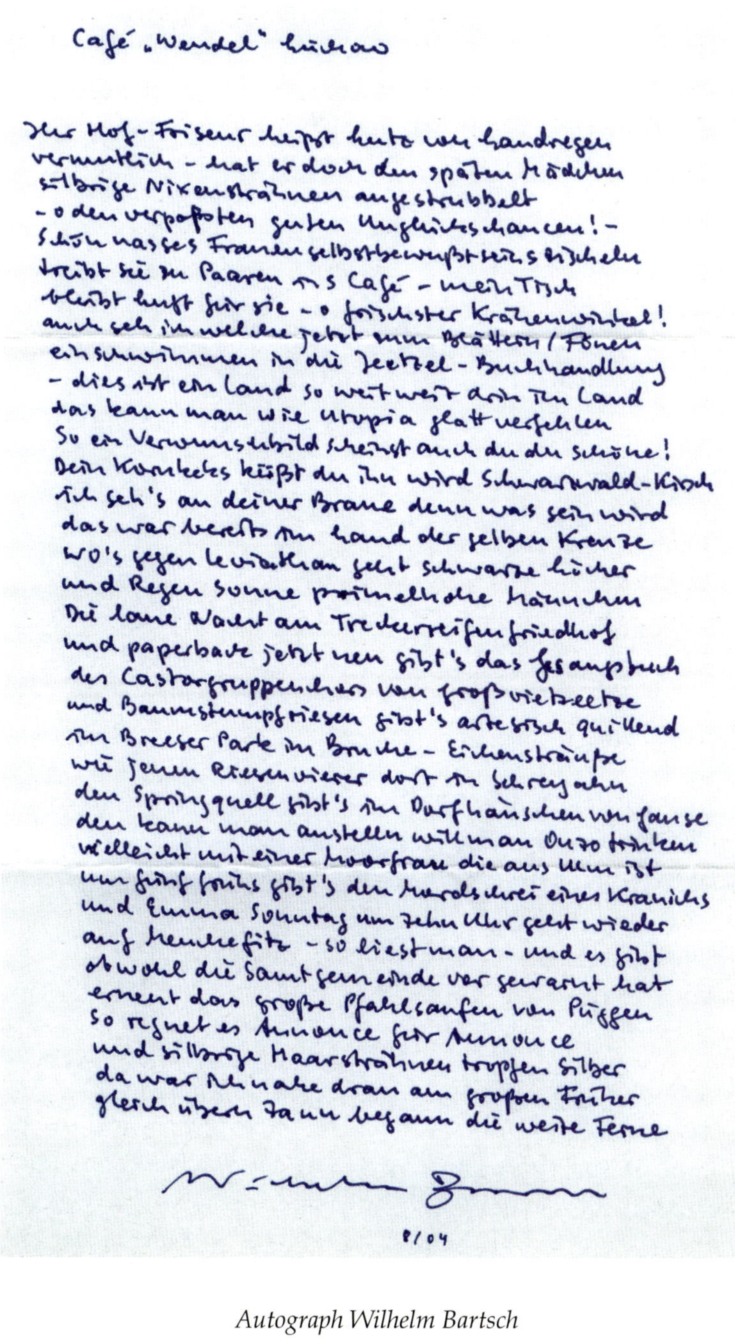
Café „Wendel" Lüchow

Der Hof-Friseur lebt heute vom Landregen
vermutlich – hat er doch den späten Mädchen
silbrige Nixensträhnen angestrubbelt
– o den verpaßten guten Unglückschancen! –
Schön nasses Frauenselbstbewußtseinslächeln
treibt sie zu Paaren ins Café – mein Tisch
bleibt frei für sie – o frischster Krähenwinkel!
auch seh ich welche jetzt zum Blättern / Fönen
einschwimmen in die Jeetzel-Buchhandlung
– dies ist ein Land so weit weit doch im Land
das kann man wie Utopia glatt verfehlen
So ein Vernunftsbild scheinst auch du du Schöne!
Dein Kornkeks küßt du ihn wird Schwarzwald-Kirsch
ich seh's an deiner Braue denn was sein wird
das war bereits im Land der gelben Kreuze
wo's gegen Leviathan geht schwarze Löcher
und Regen Sonne primelhohe Männchen
Die lange Nacht am Treckerreifenfriedhof
und paperback jetzt neu gibt's das Gesangbuch
des Castorgruppenchors von Großwitzeetze
und Baumstumpfriesen gibt's artesisch quillend
im Breeser Park im Bruche – Eichenstrünke
wie jenen Riesenvierer dort in Schreyahn
den Springquell gibt's im Dorfhäuschen von Gause
den kann man anstellen will man Ouzo trinken
vielleicht mit einer Moorfrau die aus Ulm ist
um fünf früh gibt's den Mordsschrei eines Kranichs
und Emma Sonntag um zehn Uhr geht wieder
auf Männerfits – so liest man – und es gibt
obwohl die Samtgemeinde vor gewarnt hat
erneut das große Pfahlsaufen von Püggen
so regnet es Annonce für Annonce
und silbrige Haarsträhnen tropfen Silber
da war ich nahe dran am großen Früher
gleich überm Zaun begann die weite Ferne

Wilhelm Bartsch

8/04

Autograph Wilhelm Bartsch

Fontane jemals in LÜCHOW bei MENDEL. So verplaudern wir heiter und trinkend die Zeit, während es draußen noch immer weiterschneit. DICHTER ZU SEIN IST NICHT MEIN EHRGEIZ, ES IST MEINE ART, EINSAM ZU SEIN, sagt Pessoa. Und weil seine Einsamkeit so groß war, spaltete er sein ICH gleich in mehrere Namen: in Alberto Caeiro, Ricardo Reis, Alvaro de Campos und eben Pessoa. Das wiederum konnte Fontane ergänzen, dessen Biographie noch heute von gewissen Autoren erweitert und vervielfacht wird. Anekdoten zuhauf. Hier musste Wirklichkeit nicht erst erfunden werden. Sie ergab sich von selbst. So wurde aus diesem Abend, unter Ausschluss der Öffentlichkeit, noch ein frohes Dichtertreffen. Schade, dass Born nicht dabei sein konnte, dem wir das glückliche Zustandekommen dieses Treffens eigentlich verdanken. So bleiben die Toten unter uns. Einmal mit nach SCHREYAHN genommen, weichen sie nicht mehr von deiner Seite. Drei Monate SCHREYAHN sind eine lange Zeit. Und ich notiere nach dem Zufallsprinzip, was mir in den Sinn und vor die Augen kommt. Als letztes der schwadronierende Fontane im schwarzen Anzug, mit Nickelbrille und weißem Haar, wie er in meinem Taxi mit nach Schreyahn fährt: ein Ort, der in der Dunkelheit kaum zu finden war."

Fontane verschweigt Walter Aue gegenüber, dass er von Schreyahn aus noch einen kleinen Abstecher nach Plate bei Lüchow unternehmen wird. Das hat er damals seiner Schülerin, der in Plate geborenen Pfarrerstochter Emmy Danckwerts (1812 - 1865) versprochen, als er sie 1848 im Berliner Krankenhaus Bethanien zur Apothekenhelferin ausbildete. Fontane mag die gelehrige, aber auch selbstbewusste Frau: „Dabei ganz Hannoveranerin, in allen Vorzügen, freilich auch in bestimmten kleinen Schwächen", schreibt er in seinen Erinnerungen „Von Zwanzig bis Dreißig". Die Diakonissin verwöhnt ihren Lehrer, er wird, „wie wenn ich ihr Besuch im Pfarrhaus auf der Lüneburger Heide gewesen wäre, mit Kaffee, Butter und Honig bewirtet, oder an heißen Tagen auch mit Erdbeeren, Selterwasser und Wein." Weiß Fontane von den Verbindungen, die von diesem Pfarrergeschlecht aus dem Wendland in die Welt der Literatur gehen? Hat seine Schülerin ihm von ihrem Bruder Justus Friedrich erzählt, der die Göttingerin Marianne Ruprecht aus dem berühmten Verlagshaus Vandenhoeck und Ruprecht heiratet und selbst ein großer Verleger wird? Doch nun sitzt Fontane, der über Emmy Danckwerts die Wenden lieben und schätzen lernte, hinten im Taxi und schweigt still zu allem.

Schreyahner Tagebuch von Walter Aue

17.

Hermann Schulz, der langjährige Leiter des Peter Hammer-Verlages, erzählt dagegen viel vom Wendland, von Stadt und Land. Der hier aufgewachsene Jugendbuchautor lässt seine Hauptfigur im Roman „Leg nieder dein Herz" am Lüchower Markt unterkommen: „Ich entdeckte ein Hotel namens *Ratskeller* und fuhr zum Parken in eine enge Seitenstraße. Zum Hotel gehörte ein Restaurant, ich war also für den Rest des Tages versorgt. Mein Zimmer lag im ersten Stock, mit zwei Fenstern zur Straße hin. Sie ließen sich zu meiner Überraschung nur nach außen öffnen und festhaken. Ich blickte auf eine belebte abendliche Straße…".

Fast alle Bücher dieses Autors stellen Bezüge zum Wendland her, und immer wieder taucht Lüchow auf, wenn zum Beispiel in der Erzählung „Auf dem Strom" ein Missionar der schwerkranken Tochter von seiner Kindheit im Wendland erzählt, vom ersehnten „Jahrmarkt und gleichzeitig Pferdemarkt. Das war in der Stadt, in Lüchow, nicht in unserem Dorf. Ich war mehr bei den Pferden als bei den Buden oder im Tanzzelt."

Adam Seide, Schreyahner Stipendiat und erster Träger des niedersächsischen Nicolas Born-Preises, erweitert den Blick, wenn er in seinem Roman „...es ist nur eine Reise…" in einer „Exkursion" die Herkunft seiner Hauptfiguren erkundet: „Mutter Leuchtemal wurde in einem wendländischen Dorf geboren und ist dort aufgewachsen. Unter einem weiten Horizont bietet sich die Landschaft dort mit dichten Wäldern, feuchten Wiesen, dunklem Ackergrund, sumpfigen Geländen, klaren Wasserläufen, Sand- und Heideflächen flach und breit hingelagert dar…"

Hermann Schulz

Ich entdeckte ein Hotel namens „Ratskeller" und fuhr zum Parken in eine enge Seitenstraße. Zum Hotel gehörte ein Restaurant, ich war also für den Rest des Tages versorgt. Mein Zimmer lag im ersten Stock, mit zwei Fenstern zur Straße hin. Sie ließen sich zu meiner Überraschung nur nach außen öffnen und festhaken. Ich blickte auf eine belebte abendliche Straße...

Autograph Hermann Schulz

18.

Er habe wenig Zeit für Land und Leute und wolle hier konzentriert arbeiten – Andreas Maiers Ankündigung vom Mai 2003 (im Vorjahr war der Autor bereits zu einer Lesung in Lüchow) ist typisch für viele der Schriftsteller im Künstlerhof. Aber keiner der vom Land Niedersachsen geladenen Gäste ist auch verpflichtet, die Region zu erkunden oder gar spontan ihr Loblied zu singen. Zu genau kennen die Verantwortlichen der niedersächsischen Stipendiatenstätte das böse Wort von der „Künstlerlandverschickung". So kann jeder auf dem Hof seinem Lebensrhythmus nachgehen, abtauchen, sich vergraben, lesen, schreiben, nachdenken, philosophieren. Aber die Mehrzahl macht sich dann irgendwann doch auf die Reise durchs unbekannte Wendland (vgl. Kapitel 14).
Bei zwei Autoren hat das besondere Folgen. Andreas Maier, der mit seinen Romanen „Wäldchestag" (2000) und „Klausen" (2002) viel Aufmerksamkeit erregte, wird von der Konfrontation mit der ungelösten Endlagerungsproblematik überrascht, verunsichert. Sein Erfahrungsbericht in der ZEIT „Die Legende vom Salzstock – Ratlos in Gorleben: Wo ist der Castor wirklich?" wird zum Dokument der Wahrheitssuche angesichts der versuchten Manipulation und Sprachverwirrung. Auch sein nächster Roman „Kirillow" (2005) spielt im Schlussteil im Wendland und behandelt den Castor-Widerstand.
Doch damit nicht genug. Das Buch „Bullau – Versuch über Natur" (2006), das Andreas Maier zusammen mit Christine Büchner geschrieben hat, bietet eine kenntnisreiche Schilderung der Landschaft um Schreyahn, einschließlich einer Hommage an den Dichter Nicolas Born. Der Rundling Schreyahn wurde von ihm in der FAZ liebevoll porträtiert: „Ein Dorf sind seine Menschen. Wenn der Rundling niedergemacht würde und alle Schreyahner in einen Plattenbau zögen, auf fünf oder sieben Stockwerken übereinander, wäre es immer noch irgendwie Schreyahn. Denn es wären immer noch Schreyahner."
Nun also ein – hier erstmals gedrucktes – Porträt der Stadt Lüchow und ihres Umfeldes.

Kulturrundling Schreyahn – Zeichnung von Andreas Neuling

Andreas Maier

Lüchow wie? Lüchow was?

Als ich zweitausendzwei zum ersten Mal nach Lüchow kam, war mir klar, dass so gut wie niemand in der Bundesrepublik weiß, wo dieser Ort liegt. Man hatte ihn damals lediglich noch in einer bestimmten Wortkombination im Ohr, nämlich als „Lüchow-Dannenberg".

„Lüchow-Dannenberg" verband man irgendwie mit Atomwiderstand. Das klang nach alter Republik, als man noch seinen Opel auf Waldwegen zu Schrott fuhr, nach Friesennerz, nach bewegten Zeiten, kurz: nach damals. Allerdings ist es auch um die Wortkombination „Lüchow-Dannenberg" nicht so einfach bestellt. Zwar wussten einige, dass es sich dabei um einen Landkreis handelte, aber sie hatten keine Ahnung, wo dieser Landkreis liegt. Mit dem Wort „Wendland" verhält es sich noch schlimmer. Wenn ich heute jemandem erzähle, ich habe in der damaligen Zeit, Anfang des Jahrzehnts, im Wendland gewohnt, dann hat der Betreffende im Regelfall dieses Wort noch nie gehört. Für die Deutschen könnte das Wendland auch hinter Bautzen liegen.

Sagt man nun aber (um sich dem allgemeinen Klischee endlich geschlagen zu geben), Lüchow-Dannenberg bzw. das Wendland sei „bei Gorleben" (statt: dort liege Gorleben), dann nicken sie endlich einhellig, denn das kennen sie. Allerdings wissen sie auch nicht, wo Gorleben liegt. Sie wissen eigentlich nicht einmal, dass das ein Dorf an der Elbe ist. Die meisten glauben, da sei ein Atomkraftwerk. Als ich einmal in einem Roman einen Castortransport ins Zwischenlager Gorleben schilderte, verlegte der Rezensent einer großen Tageszeitung den Roman kurzerhand in die Pfalz (und damit auch die Stadt Lüchow).

Also, Gorleben, gut. Und da liegt also Lüchow in der Nähe, aha! Nächste Schwierigkeit: Die Leute wissen nicht, wie man Lüchow schreibt. Mit h? Mit w? Ohne alles? Lüchoh? Lücho? So gut wie jeder, dem ich von Lüchow erzählte, fragte mich nach der Schreibweise, denn er hatte den Namen noch nie gelesen, sondern immer nur gehört (nämlich in den Nachrichten, eben als „Lüchow-Dannenberg").

Weiter: Die Leute wissen auch nicht wirklich, dass der Landkreis Lüchow-Dannenberg heißt. Fast alle sagen Lüchow-Danne()berg, mit Konsonantenauslassung im Lautstand (n fällt weg). So genau haben sie den Nachrichten zugehört.

Lüchow, die unbekannte Stadt im unbekannten Land, märchenhaft entrückt und nur einmal jährlich auftauchend in den Heute- und Tagesschaunachrichten, als zaubere sie sich für die Castortage in die Welt zurück wie Artus an seine Tafelrunde ... Lüchow begreift niemand. Sie glauben (aus den Nachrichten) all das hier zu kennen, und sie kennen nichts, und sie können nicht einmal schreiben, was sie nicht kennen ...!

Autograph Andreas Maier

Lüchow, eine Stadt, die man nicht schreiben kann, in einem Landkreis, den man nicht aussprechen kann, und als Bezugspunkt ein Zwischenlager, von dem man glaubt, es sei ein Atomkraftwerk, und als Gipfel ein Wort, das jeder kennt: *Gorleben*, ohne zu wissen, wo das liegt und ohne zu begreifen, was es bedeutet.
Als ich nach Lüchow kam, erlebte ich hier den größten Polizeieinsatz meines Lebens, obgleich ich gar nicht demonstrieren wollte und einfach nur hier wohnte. In Lüchow brauchte ich drei oder vier Minuten, um von der Mauerstraße in die Lange Straße einzubiegen. Draußen fuhren Hunderte Polizeiwagen Stoßstange an Stoßstange. Etwas so Dichtgefügtes hatte ich noch nicht erlebt. Wo anders kann man ein so großes Polizeiaufgebot sehen, wie man es hier in Lücho(-,w,h) jedes Jahr erlebt?
Lüchow, die unbekannte Stadt im unbekannten Land, märchenhaft entrückt und nur einmal jährlich auftauchend in den Heute- und Tagesschau-Nachrichten, als zaubere sie sich für die Castortage in die Welt zurück wie Artus an seine Tafelrunde ... Lüchow begreift niemand. Sie glauben (aus den Nachrichten) all das hier zu kennen, und sie kennen nichts, und sie können nicht einmal schreiben, was sie nicht kennen und zu kennen glauben. Angesichts Lüchows fangen sie an zu stammeln wie die Kinder.
Und so wird man an einer Stadt wie Lücho(-,h,w) und an einem Landkreis wie Lücho(-,h,w)-Danne()berg einmal die wahre Geschichte unseres Landes schreiben können. Die Geschichte des großen Halbwissens. Die Legende von der guten Gegenwart. Später, wenn niemand mehr weiß, dass es so etwas wie die Tagesschau oder die Heute-Nachrichten überhaupt jemals gegeben hat. Dann wird man *Lüchow* und *Dannenberg* richtig schreiben. (Wir wissen ja inzwischen auch, wie man *Waterloo* schreibt.) ...

Andreas Maiers Kollege, der Schriftsteller Arnold Stadler, kam im Jahr 1999 als frisch gekürter Büchner-Preisträger erstmals ins Wendland. Seine Bücher spielten bisher am Bodensee, in Südamerika oder auf Pazifik-Inseln. Sein Tagebuch – in Auszügen unter dem Titel „Schreyahn, Frauen, unbemannte Raumstationen oder: wie es nach Mainz weiterging“ veröffentlicht – spiegelt die intensiven Naturerfahrungen auf dem Künstlerhof Schreyahn, zu denen auch der nächtliche Gesang der Nachtigall zählt: „Hörst du eine Nachtigall? fragte ich mich. Soll das eine neue Religion

„Stoßstange an Stoßstange..."

sein? fragte ich mich, aber schließlich setzte sich die Nachtigall durch und mit dem Schlaf war es aus. Ich hatte nie und niemals etwas Schöneres gehört und der Schriftsteller, Musik- und Ohrenmensch im Bachjahr 2000 schämt sich für sein Geld." Sein Roman „Sehnsucht. Versuch über das erste Mal" (2002) enthält intensive Passagen über das Erlebnis der wendländischen Landschaft: „Aber der Expressionismus lebte noch in den Elbtalauen, dieser Morgen war der reinste Nolde." Mit „Mein Lüchow", einer Erstveröffentlichung, setzt Arnold Stadler, der nun in einem Dorf bei Lüchow wohnt, der Stadt sein kleines, persönliches Denkmal.

Arnold Stadler

Mein Lüchow

Lüchow ist zwar kein Rundling, aber liegt inmitten einer Welt von Rundlingen, als wäre diese Welt selbst ein Rundling.
Leider habe ich nicht mehr die Möglichkeit, in Lüchow geboren zu werden – (auch ich rechne nicht mit einer bzw. meiner Wiedergeburt – und muss mit dem Kreißsaal von Meßkirch in Schwäbisch Mesopotamien – zwischen Bodensee und Donau – vorlieb nehmen).
Auch habe ich keine Möglichkeit mehr, überhaupt die ersten Dinge und die Palette der ersten Male zu erleben – bei manchem ist es auch ganz gut. So kann ich die ersten Stürze – und wäre es auch nur vom Fahrrad oder vom Schlitten in den Schnee, die ersten Verrenkungen und Wehwehchen, die ersten Zahnarztbesuche etc. – mit ganz anderen Orten in Verbindung bringen als mit Lüchow. Und auch die Enttäuschungen. Und auch die Schreckensmeldungen dieser Welt erreichten mich anderswo.
Sodass für Lüchow und mich fast nur das Schöne bleibt [griechisch: to kalón], wenn ich an Lüchow denke. Jene, die von hier sind, mögen vielleicht etwas anders empfinden, aber hoffentlich nicht ganz anders.
Das erste Mal kam ich mit einem Auto angefahren, von Lüneburg her. Wenn ich mich nicht täusche, war es eine Lesung in der Wanne eines stillgelegten Hallenbades (wodurch ein Raum, wenn schon trockengelegt, aufs wunderbarste umgewidmet war), im Gymnasium, auf Einladung von Axel Kahrs, der auch für viele Künstler und Schriftsteller von ganz ferne, die möglicherweise nie von Lüchow im südlichen Wendland gehört haben (das gibt es!), eine Instanz ist, die es vermag, dass aus einem bisher

Andreas Maier

Arnold Stadler

Unbekannten etwas fürs Leben wird, worauf man dann sein Loblied singt. Ich gehörte zwar nie zu denen, die aus Lüchow und Dannenberg eine Stadt machten, oder Psycho-Pannenberg sagten wie zu Zeiten, als diese Gegend, wie ich dann erfuhr, ein Refugium für Stadt- und andere Flüchtlinge, für ziemlich Mittellose und für Millionäre, Freaks und Psycho-Freaks aus Berlin und Hamburg und von überall her wurde. Ich wusste aus meinem Atlas-Studium (meine Sehnsucht, von da, wo ich war, wegzukommen, war so groß, dass ich zwei solcher Atlanten brauchte) durchaus, dass es sich um zwei handelt, die nicht eins sind: Lüchow und Dannenberg. Gewiss wusste ich damals noch nicht, wie man Lüchow ausspricht, als wäre ich ein Amerikaner, der in New York nach dem berühmten „Lüchow's" fragt: das „W" am Ende. O W.!!!!
Bald kam ich auf ein Stipendium in Schreyahn, es folgte mein Nachtigall-Erlebnis, sodass ich beschloss, nicht mehr weiter nach schönen Orten zu suchen, sondern „hier" zu sagen.
„Ja" zu sagen und zum ersten Mal im Leben ein Haus zu kaufen – und von hier aus meine Reisen in die Welt zu unternehmen.
Vom Lüchower Land aus, einer Landschaft, wo es sich bei Himmel und Erde um zwei handelt, die eins sind.
Es war ganz freiwillig.
Wenn ich mir nun überlege, ob ich in die Stadt fahre, meine ich Lüchow. Und das ist gut so.

Heute
in Lüchow,
unter dem Himmel
und nahe der Elbe
und auch den
Menschen, die hier
lebten –
zu leben

Sehr herzlich

Arnold Stadler
17.–18. November
1999

Buchwidmung Arnold Stadler

19.

Der Schluss gilt dem Spiel und dem Genuss, dem Geschmack und dem Klang der großen weiten Welt. Die Redakteurin Christiane Beyer berichtet 2006 in der „Elbe-Jeetzel-Zeitung" über das Restaurant „Lüchow´s" in New York (vgl. Kapitel 20). Der Name irritiert die Amerikaner, sie vermuten chinesische Wurzeln. Dabei ist es so einfach: Es ist die Stadt *Lüchow* im Wendland, die lateinisch als *Luchovia* überliefert wird, slawisch als *Ljauchi* oder *Ljuch-Aue*, russisch als *Lugowi*, also „Moorwiese" oder „Sumpfloch" übersetzt wurde, bei Sigmund von Birken als *Luzejerau* gelesen, bei Herzogin Sophie Elisabeth auch schon einmal *Luchaw* geschrieben, von früheren Heimatkundlern als *Gluchow* (für „undurchdringlicher Ort") gelesen, neuerdings als Ort des *Luk* gedeutet und als *Luchow* oder *Luchau* geschrieben wird - nun also wird die Stadt irrigerweise als *Lutschou's* für eine asiatische Frucht gehalten, die chinesisch *Lychee* heisst und englisch *Litschi*.

Damit erweitert sich die Tradition des schöpferischen Umgangs mit den wendischen Namen der Region. Schon im Buch „Wendland literarisch" von 1985 bündelt ein Gedicht unter dem Titel „Schöne Gegend für Lyrik *oder* Wendland so nett" die Ortsnamen zu Quartetten und Terzinen:

„Beseland und Billerbeck,
Sipnitz, Seybruch, Sarenseck,
Kröte, Köhlen und auch Quartzau

Kreyenhagen, Kolborn, Krautze,
Klennow, Klöterhörn und Klautze,
Drethem, Dübbekold und Darzau."

Das aber lässt später den Altmärkern keine Ruhe, und so entsteht Arno Sommerfelds „Schönste Gegend für Lyrik *oder* Altmark noch netter":

„Gerstedt, Gischau, Güssefeld,
Tangeln, Tylsen, Winterfeld,
Kahrstedt, Kaulitz, Mösenthin,
Sanne, Schieben, Sallenthin."

Axel Kahrs

SCHÖNE GEGEND FÜR LYRIK
oder
WENDLAND SO NETT

Glienitz, Gohlau, Gohlefanz,
Tießau, Thune, Tolstefanz,
Kapern, Karwitz, Katemin,
Starrel, Spranz und Satemin.

Meudelfitz und Middefeitz,
Nadlitz, Naulitz, Nauden,
Riekau, Riskau, Reddebeitz,
Beesem, Banzau, Bausen.

Beseland und Billerbeck,
Sipnitz, Seybruch, Sarenseck,
Kröte, Köhlen und auch Quartzau,

Kreyenhagen, Kolborn, Krautze,
Klennow, Klöterhörn und Klautze,
Drethem, Dübbekold und Darzau.

(Ortsnamen des Wendlandes, neu geordnet).

Gedicht aus „Wendland literarisch"

Die Endungen der Ortsnamen auf -ow faszinierten schon Theodor Fontane, der in seinen „Wanderungen durch die Mark Brandenburg" reimte:

„Linow, Lindow,
Rhinow, Glindow,
Beetz und Gatow,
Dreetz und Flatow,
Bamme, Damme, Krielow,
Petzow, Retzow, Ferch am Schielow"

Reichlich sprudelt auch im Wendland der Quell der Eingebung. Jutta Richter, 1984 - 85 Schreyahner Gastautorin, benennt die Helden ihrer Erzählung, eine kleine Landkatze und einen großen Stadtkater, nach den Nachbarorten ihrer Stipendiatenzeit: „*Lensian*, flüsterte Satemin, *mein lieber, lieber Lensian… - Satemin Seidenfuß*, sagte Lensian, *die kleine Satemin Seidenfuß … Wie kommst Du denn hierher?*"
Sebastian Bathiany aus Lüneburg schreibt gleich ein ganzes Märchen, in dem Lüchows Name für Aufschneiderei und Angebertum steht, wenn der Held namens Breustian tönt: „*Durch meine Nüdlitzen musste schon so manches Ungeheuer in die Redde beitzen*, lüchowte er, ohne mit der Wimper zu zucken. Dann spranzte er aus der Stadt…" Beim Kampf mit dem Drachen geht es bald zur Sache: „Mit einem Kampfschrei, der die Bäume wibbesen ließ, zückte Breustian seine Nüdlitzen, um sie dem Untier in die Midde zu feitzen, denn es war stets einfacher, den Gegner rasch zu meuchefitzen und dann vor den Volkfien mit erlüchowten Geschichten zu proitzen."
Willem Wittstamm spielt auch mit den Vorurteilen gegenüber den Wenden, wenn er gesteht: „Wir sind zwar ein bisschen *Meetschow* im Kopp, aber, wie der Engländer schon sagt, We are *Luckau*."
Andere stellen eine „Wendländische Ortsnamen-Ballade" nach der Melodie „Auf der schwäbsche Eisenbahne" zusammen, und Dorothea Goldnau entwirft ein „Wendland-Scrabble", das neue Worte erfindet. So wird aus „Riekau" und „Sellerie" der Ortsname „Selleriekau", aus „Gartow" und „Towerbridge" die „Gartowerbridge". Wer es allerdings mit „Lüchow" versucht, hat es schwer: der neue Duden kennt nur ein Wort, das mit „ow" anfängt, und keines mit der Buchstabenfolge „Lüch"!

Satemins Freund heißt im Buch Kater Lensian

Aber wenn die Sprachspiele gelingen, klingen sie reizvoll. So entsteht das Gedicht „Wundersames Wendland“, das mehreren Verfassern zugeschrieben wird, zuletzt von Gisela Niebel aus Rebenstorf ergänzt. Es beginnt mit den Dörfern um Lüchow und endet im schönen Staatsforst der Stadt, in der Luzie:

„Während des Lensian
bussauen finst're Meuchefitze durch den Mehlfien.
Wilde Sallahne tarmitzen jabelnde Breesen in die Kukate.
(...)
Düster guhreitzt das Trabuhn in der Reddereitz,
und Simander wirlt die Krautze aus der Weitsche.
O, Lucie, mir ist so kriwitz.“

Der Schriftsteller Christian von Krockow zitiert in seinen „Begegnungen mit Ostpreußen“ das „Ostpreußische Namensverzeichnis“ von A. von Weiß:

„Tutschen, Tutteln, Bammeln, Babbeln,
Spullen, Tullen, Spucken, Wabbeln,
Kabbeln Gurkeln, Muldszen, Glommen,
Lenkuk, Gigarrn, Wusen, Wommen –
Hast noch immer nicht genug,
nimm den Fahrplan vor und such!“

Der Heimatforscher Krockow weiß: „Dann entdecken wir plötzlich, daß Namen Gefäße sind, die etwas aufbewahren. Einen Charakter, eine Liebe oder den Schrecken, Heimat oder Befremdung, Kindheitserinnerungen und Altershoffnungen, Geschichte...“ – Lüchows Name und Wendlands Orte als Quelle von Kreativität, Sprachwitz und Gedächtniskultur: Freuen wir uns nach 850 Jahren wechselvoller Stadtgeschichte drüber! Auf ins „Lüchow's“!

„Das Wundersame Wendland"
auf Plattdeutsch

Trammer Vietze lätt in Lübeln een Bock leben.

Siemen grippeln Ganse mit Kapern.

Plate Nauden küsten in Schwiepke minderjährige Süthen.

De lütt Heide un Königs Horst will' n ook bald heiraten.

Vom Langen Horst war'n in Pannecke Teichlosen backt
un in Molden serveert.

Jo, un Gamehlen schmieten bösen Bischof mit Steine;
över de Bischof versprick Mützen no Kloster to bringen.

Lemgow speelt in Prösten gegen Drawehn Puttball;
wenn de Drawehner verleeren, denn gifft dat Reitze.

Meußließen saaßen in Kassau;
sie logen und soven im Hohen Krug,
denn sie kunn'n sik dat leisten.

Nun bruk it wat to drinken, mi is all ganz maddau.

Von Gisela Niebel aus Rebenstorf

20.

Christiane Beyer

Bier, Sauerbraten und Gemütlichkeit

„*Komm doch mit uns ins Lüchow,*' drängte er ihn: *Wir sind alle sternhagelblau, und schließlich ist morgen Samstag.* (…) Im Lüchow's fand gerade ein großes Logenessen statt, und in jedem Saal trugen Männer mittleren Alters verbissen ihre Papierhüte und stießen mit ihren voluminösen Frauen an. Die Kapelle spielte ein buntes Walzerprogramm und ein fetter Mann tanzte mit eingezogenem Bauch gewandt mit einem knusprigen dünnen Mädchen. (…) *Vier Bock, Herr Ober,* brüllte Okie und hielt dann die Hand an Dennis' Ohr. *Theaterleute,* raunte er ihm bedeutungsvoll zu. *Schauspieler. Schauspielerinnen.*" In ihrem 1934 erschienenen Roman „Das Glücksrad" schickt die amerikanische Schriftstellerin Dawn Powell (1897 - 1965) ihre fiktiven Figuren ins reale „Lüchow's", ein berühmtes deutsches Restaurant mitten in New York, im lebendigen Theaterbezirk am Union Square.

Das „Lüchow's" war gegen Ende des 19. und in der ersten Hälfte des 20. Jahrhunderts der Platz, an dem sich Musiker, Schauspieler, Maler und Schriftsteller, aber auch Geschäftsleute und Politiker trafen - zum Essen, zu Gesprächen. Caruso kam ebenso wie Marlene Dietrich oder der spätere US-Präsident Roosevelt. Das Essen war gut und reichlich und deutsch - Sauerbraten, Kartoffelknödel, Wiener Schnitzel, Pfannkuchen mit Preiselbeeren - und das Würzburger Bier floss in Strömen. Das „Lüchow's" war Amerikas berühmtestes deutsches Restaurant.

Das von dem späteren Besitzer Jan Mitchell 1952 herausgegebene „Lüchow's German Cookbook" erlebte weit über 20 Auflagen und wurde noch 1986 nachgedruckt, als es das Restaurant schon längst nicht mehr gab. Ein Exemplar davon ist im Eingangsbereich des Lüchower Rathaus zu sehen. Mitchells Buch ist die erste Sammlung authentischer deutscher Gerichte, die in Amerika veröffentlicht wurde. Und als das „New York Magazine" Ende 1998 nach den „most missed restaurants", den am meisten vermissten Restaurants in New York fragt, da war auch das „Lüchow's" ganz vorne dabei.

Gründer des „Lüchow's" war August Guido Lüchow. Er ist „a Hanoverian", ein Hannoveraner, heißt es bei Mitchell. Als 22-Jähriger wandert er nach Amerika aus. Er findet bald in New York einen Job in der

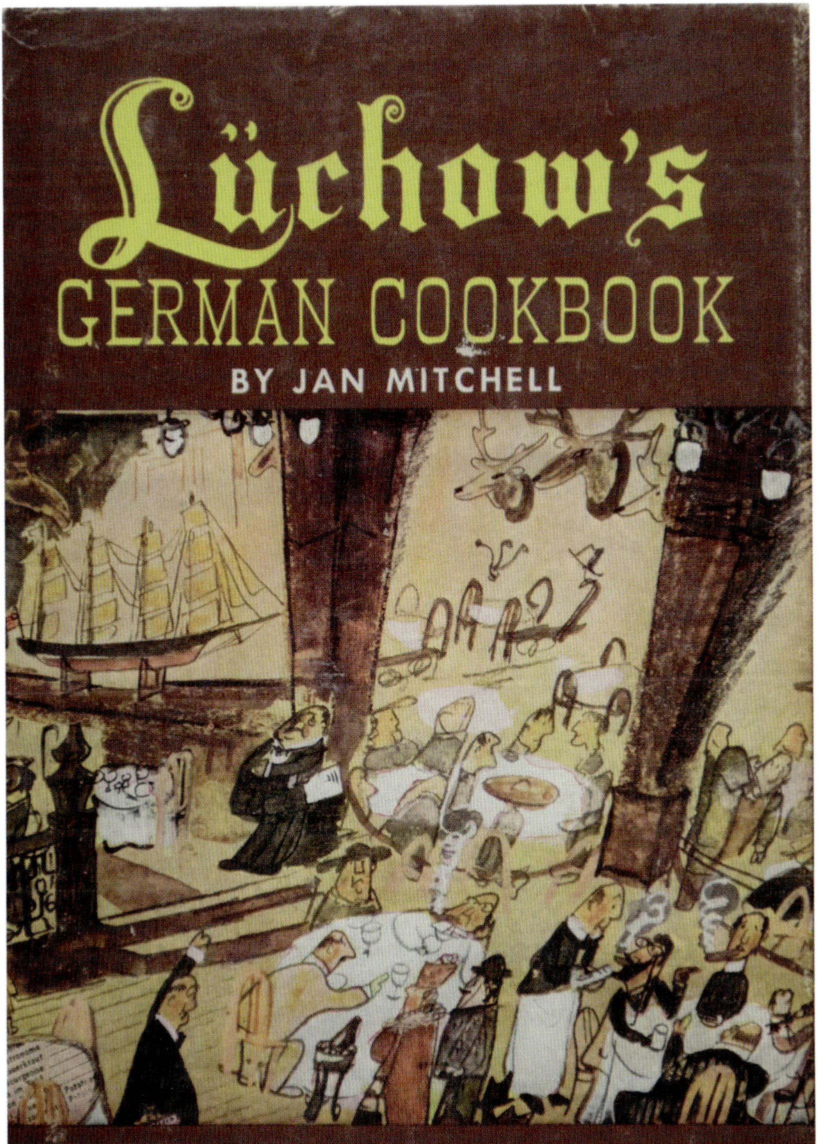

Amerikas bekanntestes Kochbuch für deutsche Küche

Gastronomie, wechselt ein Jahr später als Barmann und Kellner zu Baron von Mehlbach, der unter anderem eine Bierbar betreibt. Dank eigener Sparsamkeit und finanzieller Hilfe des Klavierbauers William Steinway – der „Schutzpatron des Restaurants" – ist August Lüchow nach zwei Jahren in der Lage, den Baron auszuzahlen. Das Lokal ist fortan seins und wird 1882 zum „Lüchow's". Die Adresse: 110 East 14th Street, zwischen der dritten und vierten Avenue gelegen.

Das „Lüchow's" ist von Anfang an ein geselliger Mittelpunkt, schreibt Mitchell, allerdings noch auf weitaus kleinerer Grundfläche als später, es wächst schnell. Das Restaurant hat zwei Eingänge: Der eine führt zum Gentlemen's Grill und ist für Frauen tabu, der andere zu den übrigen Restaurant-Räumen und in das Wintergarten-Café. Es gibt die große „Hall of Fame", den Jäger-Saal mit Geweihen an den Wänden, den mit Wagner-Figuren dekorierten Nibelungen-Saal und den Neuen Saal, an dessen Wänden Bilder deutscher und flämischer Maler hängen.

Der Zeichner Ludwig Bemelmans, der das „Lüchow's" Kochbuch illustriert hat, schwärmt in seinem Vorwort: „Im Lüchow's feiert die Gemütlichkeit Triumphe." Einige Zeilen weiter: „Ich habe viele angenehme Stunden dort verbracht, zurückgelehnt und die Leute beobachtet. Da sind die großen Parties, aus denen das meiste Gelächter herausdringt. An anderen Tischen sitzen Priester, Studenten, bedeutende Persönlichkeiten, Diplomaten, Politiker mit italienischen Freunden im Rennbahn-Dress und perlenbesetzen Krawatten, Theater-Leute mit breitschultrigen Blondinen, die Mama und Papa mitgebracht haben. Und mittendrin Kinder und Hunde. Es ist das kaleidoskopischste Restaurant in New York. Und seine Kellner sind die letzten ihrer Art: aufrechte Bürger, ohne eine Spur von Servilität in ihrem Auftreten."

Besonders die Musiker halten dem „Lüchow's" über Jahre die Treue, Arthur Rubinstein, Richard Strauss, Arturo Toscanini, Victor Herbert, Irving Berlin oder Richard Rodgers zählen zu den Stammgästen, Antonin Dvořák trank hier seinen ersten „Manhattan"-Cocktail. 1914 wird im „Lüchow's" auch die ASCAP, die American Society of Composers, Authors und Publishers, gegründet.

„Lüchow's" und seinem Bier zu Ehren entstehen Lieder: „Down where the Würzburger flows" oder „I took a walk and got as far als Lüchow's". Auf der Tischdecke des „Lüchow's" notiert Gus Kahn zum ersten Mal die Noten seines Schlagers „Yes, Sir, That's my Baby". Und Eingeweihte

Doppelseitige Buchillustration von Ludwig Bemelmans in „Lüchow's"

wissen, dass auch in dem Musical „Hello Dolly“ das „Lüchow's“ ein Ort des Geschehens ist, auch wenn es in dem Stück „Harmonium Gardens“ heißt. Hier erinnert sich Dolly an vergangene Zeiten und singt: "But now I'm back in the lights of the 14th Street / Tomorrow will be brighter than the good old days". Und der Chor der Kellner fällt ein: "Hello Dolly / Well, hello, Dolly / It's so nice to have you back where you belong".
„Bier, Wein, Essen, Musik und Atmosphäre – all dieses machte den Erfolg des Lüchow's aus, aber ohne August hätte dies alles keine Bedeutung gehabt“, notiert Jan Mitchell. „Niemand genoss das Lüchow's mehr als August Lüchow selbst.“ Früh am Morgen, wenn die letzten Gäste gegangen waren und auch Lüchow „voll mit Essen und Bier“ war, mussten ihm vier Hilfskellner die Treppe hinauf helfen, schreibt Mitchell. August war nicht verheiratet: „Seine Lieben waren sein Restaurant und seine Freunde.“
Nach seinem Tod 1923 übernimmt sein Neffe Victor Eckstein das „Lüchow's“ und führt es in August Lüchows Sinne weiter, so dass manch einem der Wechsel gar nicht auffällt. So notiert der amerikanische Essayist und Kritiker Henry Louis Mencken (1880 – 1956) im Dezember 1945 in seinem Tagebuch: „Abends traf ich mich zum Dinner bei Lüchow's. (…) Wir bestellten Gänsebraten und dinierten unter dem gewaltigen Weihnachtsbaum, den Lüchow immer besorgt“.
August Lüchow hatte 1885 die Verbindung zum Würzburger Hofbräuhaus geknüpft. Er wurde dessen Vertreter in den Vereinigten Staaten, macht das Bier zwischen Boston und San Francisco bekannt. Vor der Prohibition importiert Lüchow bis zu 35 000 Barrel im Jahr. Diese Menge entspricht ausgeschenkten 24 000 Seideln (Litern) Bier pro Tag – in Amerika, nicht allein im „Lüchow's“, wo es wohl am reichlichsten fließt. Als dort im Mai 1933 mit einem Fest das Ende der Prohibition gefeiert wird, werden rund 1 000 Seidel Würzburger Bier ausgeschenkt. Der Zweite Weltkrieg unterbricht die Verbindungen zur Würzburger Brauerei.
1946 notiert Henry Louis Mencken Folgendes im Tagebuch: „Es gibt nichts Behaglicheres und Angenehmeres als eine gute Bierschänke, aber ich vermute, dass es damit für immer vorbei ist. In New York kenne ich nur noch ein paar Lokale dieser Art. Bei Lüchow's ist das Essen sehr gut, aber das beste Bier, das es dort gibt, stammt von Prior aus Allentown, Pennsylvania, und damit ist nicht viel Staat zu machen. Außerdem hat man nun ab 23 Uhr sowie den ganzen Montag geschlossen. (…) Die Annehmlichkeiten des Daseins haben zu meinen Lebzeiten ständig abgenommen.“

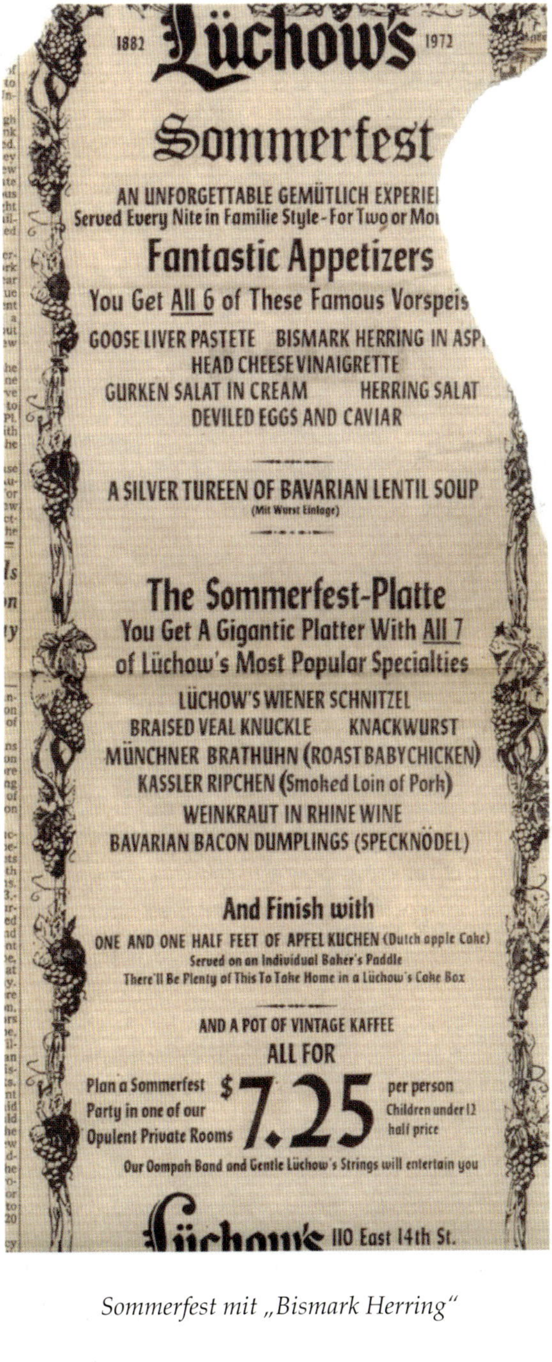

Sommerfest mit „Bismark Herring“

Jan Mitchell übernimmt das Restaurant 1950. Der gebürtige Schwede hatte das „Lüchow's" als New York-Besucher 1932 kennen gelernt, und alles dran gesetzt, es von Eckstein zu kaufen. Mitchell – der „Chef ohne Bauch", wie manche beklagten – übernimmt ein eingespieltes Team: In einem Artikel in der „New York Times" von 1982 – „Lüchow's: Symbol of the good old days" – wird etwa an Hugo Schenke erinnert, der 50 Jahre im „Lüchow's" arbeitete, oder an Julius Richter, der 40 Jahre im Streich-Trio des „Lüchow's" musizierte und dabei wohl die „Geschichten aus dem Wienerwald" mehr 36 000 Mal spielte. Und Ludwig Bemelmans lobte 1952 Ernst Seute, den Oberkellner und späteren stellvertretenden Geschäftsführer, an dem niemand ohne Schlips vorbeikam. Seute war 1912 ins „Lüchow's" gekommen.

Das „Lüchow's" überstand in den 20er- und 30er-Jahren die Prohibition und auch den ersten Niedergang des Viertels, der mit der Abwanderung der Theater nach Norden an den Times Square einsetzte. Den zweiten Niedergang des Union Square in den 70er-Jahren überlebt dieses historische Restaurant nicht. 1982 versucht der letzte Besitzer am Broadway einen Neuanfang, doch er scheitert kurz darauf.

Ein möglicher Grund: Aus dem „Lüchow's" war das „Luchow's" geworden. „The umlaut is gone" beklagt die „New Yorks Times", fordert die beiden kleinen Punkte über dem u wieder zurück, sie gäben der Sprache die nötige Würze, ebenso wie *ochsenmaul-salad* oder *schnitzel* der Speisekarte.

Das alte „Lüchow's"-Gebäude steht jahrelang leer, ist von Baulücken umgeben, zieht Prostitution und Dealer an. Es ist zu kaufen, der Preis sinkt im Februar 1994 auf 9,5 Millionen Dollar. Versuche, das Haus unter Denkmalschutz zu stellen, scheitern. Im Dezember 1994 brennt das Gebäude aus und wird 1995 abgerissen. Danach kauft die New York University das Grundstück und errichtet dort ein 15-stöckiges Studentenwohnheim.

Zu guter Letzt: „Lüchow's" klingt für Amerikaner chinesisch, sie sprechen es etwa „Lutscho" oder „Lutschous" aus. Als auf einer Internet-Seite etwas über das „Luchow's" steht: – „berühmt für sein deutsches Essen und bekannt für seinen witzigen chinesischen Namen" – meldet sich eine Susi Richter aus Sydney. Ihre Schwiegereltern hätten das Restaurant für einige Jahre betrieben. Sie wisse, dass der Namen chinesisch klinge, aber er sei es nicht: „Es ist ein Ort in Deutschland und wird mit einem Umlaut über dem u geschrieben."

Berenice Abbotts Fotografie des „Lüchow's"

Verwendete und zitierte Literatur:

(1) Axel Kahrs, ‚Es trifft sich also nur die Gruppe 47' – (Tagung der „Gruppe 47" 1961 in Göhrde), in: Werner H. Preuß (Hg.), Das Gesicht der Göhrde. 2006; Erstdruck 1998 - **(2)** Matthias Merian, Topographia und eigentliche Beschreibung der vornembsten Stäte, Schlösser auch anderer Plätze und Örter in denen Hertzogthümer Braunschweig und Lüneburg, 1654, Nachdruck 2005 – **(3)** Harry Halbom, Wie ich das Wendland erlebte, in: Elbe-Jeetzel-Zeitung v. 3.9.1958 – Ernst Köhring (Hg.), Chronik der Stadt Lüchow, 1949, neu 1984 - Horst Nottbohm, Amt Lüchow nach Blutbad ‚öde und wüst' (zum Massaker von 1643), in: Am Webstuhl der Zeit. Beilage der EJZ v. 25.6.2005 – **(4)** Sigmund von Birken, Dannenbergische Helden-Beut in den Jetzischen Blum-Feldern beglorwürdiget. 1648, zitiert nach Alfred Kelletat, Barocke Schäferey an der Jeetzel, in: Am Webstuhl der Zeit. EJZ-Beilage v. 12.9.1987 – Johann B. Coberg, Elegie (ohne Titel) auf die verstorbene Herzogin Sophie Elisabeth, Einzeldruck, 1676 – Karl Wilhelm Geck, Sophie Elisabeth Herzogin zu Braunschweig und Lüneburg als Musikerin, 1992 – Günther Hoppe (zur Fruchtbringenden Gesellschaft), in: Klaus Conermann, Die Fruchtbringende Gesellschaft und ihr Köthener Gesellschaftsbuch, Bd. 2, 1985 – Scherertz, Elegie auf das Absterben der Durchleuchtigsten Sofilisia Selena, Einzeldruck, 1676 – **(5)** Reinhard Gusky/Willi Olbrich, Auf Karl Mays Fährte (Salzwedel-Postkarte), 2001 – Axel Kahrs, Hundsfott – Himmelhund – Papperlapapp – Pasta! Neues von Karl May und dem alten Dessauer in Gartow, in: Am Webstuhl der Zeit. Heimatkundliche Beilage der EJZ v. 22.8.1992 – Karl May, Unter den Werbern. Seltene Originaltexte, Bd. 2, o. J. – **(6)** Ernst Köhring (Hg.), Chronik der Stadt Lüchow (Kultur- und Stadtgeschichte), 1949, neu 1984 – zu Ernst Sprockhoff siehe Axel Kahrs, Wendland literarisch, 1985, und: Allgemeiner Anzeiger für den Kreis Dannenberg v. 5.7.1944 – **(7)** Karl Hennings, (zu Freiherr vom Stein und Wagner über die Wenden), in: Axel Kahrs, Wendland literarisch, 1985 – Reuter, Amtsgerichtsrat, Zur Geschichte des Kreises Dannenberg, in: Allgemeiner Anzeiger für den Kreis Dannenberg v. 8.2.1944 – Hans-Cord Sarnighausen, Zum alten Pfarramt in Plate bei Lüchow (über Johann Victor Danckwerts Pfarrbericht von 1851), in: Heimatkalender für Stadt und Kreis Uelzen, 2002 – Johann Parum Schultze, Die Wendland Chronik des Dorfschulzen Johann Parum Schulte aus Süthen, geschrieben in der ersten Hälfte des 18. Jahrhunderts, neu 1991. – Eduard Ziehen, Wendische Weiden. Erzählungen aus dem wendischen Volksleben, 1854. - Der Wende sucht sein Recht (Artikel zu Ziehen), in: Zeitung für das Wendland, v. 7.2.1855 – Ellen Akca referierte am 15. September 2007 beim Rundlingstag in Lübeln über Eduard Ziehen **(8)** Friederike Fricke (Pseudonym „Erika"), Der Erbe. Erzählung von Erika, 1912 – Carl Gehrcke, Pastor Baurschmidt und der hannoversche Katechismusstreit, in: Am Webstuhl der Zeit. EJZ-Beilage v. 2.6.1961 – Günther Marr (Propst in Lüchow), Der hannoversche Katechismusstreit und die Anfänge der Synodalordnung. Vortrag 1964, überarbeitete Fassung, Typoskript 1984 - Oskar Meding, Vor dem Sturm. Memoiren zur Zeitgeschichte, 1881 (s. a. unter G. Samarow) – Kladderadatsch – Humoristisch-satyrisches Wochenblatt,

Karikatur zum Katechismusstreit, Jg. 15/1862, Nr. 41, S.164 - Alfred Kelletat (Hg.), Jugend im Wendland vor hundert Jahren. Aus den Aufzeichnungen von Rudolf Rocholl, Pfarrer in Breese im Bruche. Breeser Blätter 1, 2. Auflage 1978 - Ernst Köhring (Hg.), Chronik der Stadt Lüchow (über Baurschmidt), 1949, neu 1984 - Heinrich Albert Oppermann. Unruhestifter und trotziger Demokrat. Lesebuch. Hg. v. K. Palandt u. J. Kussow, 1996 (darin auch das Arno Schmidt-Zitat) - ders., Hundert Jahre. 1770 - 1870. Zeit- und Lebensbilder aus drei Generationen, 1871, Nachdruck 1982 - Gregor Samarow (Ps. für Oskar Meding), Um Szepter und Kronen. Roman, 1874 - Friedrich Uhlhorn, Gerhard Uhlhorn. Abt zu Loccum. Ein Lebensbild (Zur Bücherverbrennung), 1903 - Zeitung für das Wendland. Kreisblatt für die Aemter Lüchow und Gartow (Berichterstattung und Nachrufe zu Baurschmidt), Jg. 1862 (ab Juli) und 1864 (ab Dezember) - **(9)** Martin W. Hartwig, Propst zu Lüchow, ‚...begriff nicht den Ernst der Zeit' - Aus der Chronik des Lüchower Propstes 1944. Lüchows Alltag im fünften Kriegsjahr, in: Das Jeetzel-Schiff (Zeitungsbeilage in Dannenberg) v. 21.10.1950, neu abgedruckt in: E. Meyer-Hoos (Hg.), Das Hakenkreuz im Saatfeld, 1997 - Heinrich Heine, Deutschland. Ein Wintermärchen, in: Werke, hg. v. Chr. Siegrist, Bd. 1, 1968 - Ernst Köhring (Hg.), Chronik der Stadt Lüchow (Grupe-Tagebuch), 1949, neu 1984 - G. F. Schröder, Kunst - im Kreise Dannenberg ganz groß geschrieben (Bericht über eine NSDAP-Tagung von Künstlern in Lüchow), in: Allgemeiner Anzeiger für den Kreis Dannenberg v. 28.3.1944. - **(10)** Lydia Grebien, Bericht über den 9. November 1938 in Lüchow, in: www.damals-im-wendland.de - Axel Kahrs, Das scheiternde Abseits (Bericht über die Familie Mansfeld, Zeugenaussagen, Dokumente), in: E. Meyer-Hoos (Hg.), Das Hakenkreuz im Saatfeld, 1997 - Margarete Mansfeld, Meinen Glauben habe ich verloren (Erinnerungen), in: Am Webstuhl der Zeit. Beilage der EJZ v. 7.11.1998 - Guntram Vesper, ‚Dunkles Lüchow', ‚Wintergesicht' (Gedichte), in: ders., Die Inseln im Landmeer. 1984 - **(11)** Gabriele Goettle, Deutsch-Südwest in Schnackenburg. In: Axel Kahrs (Hg.), Im Wendland ist man der Wahrheit näher. Reportagen, 2007 - Karl Krolow, Flug über Heide, Moor und grüne Berge. Niedersachsen - Nordhessen - Ostwestfalen, 1969 - **(12)** Georg Oswald Cott, Gedicht ‚Rauchfeuer', in: ders, Blindweg nach Klötze, 1996 - Elke Heidenreich, Der Welt den Rücken. Geschichten. 2001 - Uwe Herms, Salzwedel: Eine Erinnerung, in: Axel Kahrs, Dichter reisen, 1990 - Axel Kahrs/Christiane Beyer, ‚...mitten in Deutschland...' Die Grenzöffnung 1989 im Spiegel der EJZ, 1992 - Toralf Staud, Auf dem Moped in die Freiheit, in: Axel Kahrs (Hg.), Im Wendland ist man der Wahrheit näher. Klassische Reportagen über Lüchow-Dannenberg, 2007, zuerst in: DIE ZEIT von 1999 - Brigitte Struzyk, Unterwegs im Heimatland, in: die horen, Heft 227/2007 - **(13)** Sophie Dannenberg (Pseudonym für Annegret Kunkel), Das bleiche Herz der Revolution. Roman, 2004 - Klaus Harpprecht, Sophie Dannenberg entführt uns in den brodelnden Wahnsinn von 1968, in: Die Zeit Nr. 37 v. 2.9.2004 - Jörg Lau, Die kalte Pose begegnet dem Mythos (über Sophie Dannenberg), in: Die Zeit, Nr. 46 v. 4.11.2004 - Ijoma Mangold, Nie wieder Wendland (über Sophie Dannenberg), in: Süddeutsche Zeitung, Nr. 204 v. 3.9.2004 - **(14)** Guntram Vesper, Landschaft aus Bäumen, Wiesen und Wasser, in: Axel Kahrs (Hg.), Im Wendland ist man der Wahrheit näher. Klassische Reportagen über Lüchow-Dannenberg, 2007, zuerst in: NATUR, Dezemberheft 1986 - **(15)** Otto A. Böhmer, Wenn die Eintracht spielt. Roman, 2007 - Ludwig Homann, Klaus Ant. Roman, 1996 - Jochen Missfeldt, Wendland: Rundlinge, in: Kahrs (Hg.), Im Wendland ist man der Wahrheit näher. Klassische Reportagen über Lüchow-Dannenberg, 2007 - **(16)** Walter Aue, Schreyahner Herbst. Ein Tagebuch. 1. Oktober 2005 - 31. Dez. 2005. Handschrift und Typoskript im Archiv des Künstlerhofes Schreyahn. Erstveröffentlichung des Auszuges, 2008 - Wilhelm Bartsch, Café ‚Wendel' Lüchow, in: Der Heidewanderer (Uelzen), Nr. 47/2004 und in: ZERO Nr. 107/2004 - Theodor Fontane, Von Zwanzig bis Dreißig. Autobiographisches, 1898 - Karl Hennings, Das hannoversche Wendland (Sage von der Lüchower Gräfin mit dem Eberzahn), 1862 - Alfred Kelletat, Emmy Danckwerts aus Plate (1812-1865). Fontanes Begegnung mit einer Wendländerin, in: Hannoversches Wendland. 12. Jahresheft 1987/88 - Fernando Pessoa, Brief an Adolfo Casais Monteiro, in: ders., Ein anarchistischer Bankier, 1986 - **(17)** Hermann Schulz, Auf dem Strom. Erzählung, 1998 - ders., Leg nieder dein Herz. Roman, 2005 - Adam Seide, ‚...es ist nur eine Reise ...' Roman, 2000 - **(18)** Andreas Maier, Lüchow wie? Lüchow was? Erstveröffentlichung, 2008 - ders., Wäldchestag. Roman 2000 - ders., Klausen. Roman 2002 - ders., Die Legende vom Salzstock - Ratlos in Gorleben: Wo ist der Castor wirklich? Die Geschichte einer Selbsttäuschung, in: Die Zeit v. 20.11.2003, wieder abgedruckt in: Axel Kahrs (Hg.) Im Wendland ist man der Wahrheit näher. Klassische Reportagen über Lüchow-Dannenberg. 2007; dazu Christiane Beyer, ‚Meine Welt ist jetzt eine andere' - Der Schriftsteller Andreas Maier ist jetzt nicht mehr ‚ratlos in Gorleben', in: Elbe-Jeetzel-Zeitung v. 31.1.2004 - ders., Schreyahn (Reihe: Stadt. Land. Fluss), in. FAZ v. 11.11.2004 - ders, Kirillow. Roman 2005 - Andreas Maier und Christine Büchner, Bullau. Versuch über Natur, 2006 - Arnold Stadler, Mein Lüchow (Erstveröffentlichung), 2008 - ders., Sehnsucht. Versuch über das erste Mal. Roman, 2002 - ders., Schreyahn, Frauen, unbemannte Raumstationen oder: Wie es nach Mainz weiterging, in: Axel Kahrs (Hg.), Die Uhren ticken anders. Notate in Schreyahn, 2001 - **(19)** Sebastian Bathiany, Salderatzen noch mal! Ein Märchen aus dem Wendland, in: ZERO, 121/2006 - Theodor Fontane, Wanderungen durch die Mark Brandenburg, 1862ff - Dorothea Goldnau, Wendland-Scrabble, in: Wendland Wegweiser, 12/1994 - Christian von Krockow, Begegnung mit Ostpreußen, 1994 - Gisela Niebel, Was so alles im ‚Wundersamen Wendland' passiert. Typoskript, 2005 - Jutta Richter, Satemin Seidenfuß. Eine Liebesgeschichte, 1997 - Arno Sommerfeld, Schönste Gegend für Lyrik oder: Altmark noch netter, in: Altmark-Blätter. Heimatbeilage der Altmark-Zeitung, Nr. 25 v. 23.6.2007 - Wendländische Ortsnamen-Ballade, in: Wendland Wegweiser, 6/2004 - Willem Wittstamm, Die sind doch echt Pannecke! Die ultimative Ortsnamensrede, in: ZERO, 79/2002 - **(20)** Christiane Beyer, ‚Bier, Sauerbraten und Gemütlichkeit' (New Yorks ‚Lüchow´s'), in: EJZ v. 28.1.2006, überarbeitete Fassung, 2008 - Jan Mitchell, Lüchow´s German Cookbook, New York, 1952, über 20 Auflagen - Dawn Powell, Das Glücksrad. Roman, 1934.

Zu den Autoren

Axel Kahrs, 1950 in Wustrow geboren, lebt seit 1978 in Lüchow. Er hat in mehreren Publikationen die Literatur des Wendlandes versammelt und kommentiert (so in „Wendland literarisch", 1985). Zuletzt erschienen die „Notate in Schreyahn" über die von ihm geleitete niedersächsische Stipendiatenstätte Künstlerhof Schreyahn, „Der Landvermesser - Gedenkbuch für Nicolas Born" (zusammen mit Christiane Beyer) und die Reportagensammlung „Im Wendland ist man der Wahrheit näher". Kahrs ist Mitglied im PEN-Zentrum Deutschland, er unterrichtet an der Leuphana-Universität Lüneburg sowie am Gymnasium Lüchow und ist Vorstandsvorsitzender der Nicolas Born-Stiftung (Lüchow).

Christiane Beyer, 1959 in Celle geboren, lebt seit 1979 in Lüchow. Sie arbeitet als Redakteurin der Elbe-Jeetzel-Zeitung (Lüchow). Mehrere Veröffentlichungen und Herausgaben, u.a.: „...mitten in Deutschland... - Die Grenzöffnung 1989 im Spiegel der EJZ".

Danksagung

Der Verlag und der Verfasser danken allen, die zum Entstehen dieses Buches mit ihren Beiträgen, ihrem Wissen und ihrer Unterstützung beitrugen, namentlich den Autoren, die Texte und Autographen schrieben oder zum Abdruck freigaben: Walter Aue, Wilhelm Bartsch, Christiane Beyer, Otto A. Böhmer, Georg Oswald Cott, Ludwig Homann, Andreas Maier, Jochen Missfeldt, Hermann Schulz, Arnold Stadler, Guntram Vesper; den Grafikern, die ihre Bilder freigaben: Gertrud Kelletat und Andreas Neuling; weiter Friedrich Bohlmann vom Kirchenarchiv der St. Johannis-Gemeinde Lüchow und Pastor Rolf Adler für Auskünfte über Baurschmidt; Martin Krüger für Hinweise auf Ortsnamengedichte und Hilfe im Amtsturm; Carsten Ungermann für Bildbearbeitung; Ellen Akca für Hinweise zu Eduard Ziehen; der Herzog-August-Bibliothek Wolfenbüttel für Auskunft über Herzogin Sophie Elisabeth; Dorle Lübbars vom Archiv der Elbe-Jeetzel-Zeitung für die Artikel-Recherche.

Bildnachweis

S. 17, 23, 53: Carsten Ungermann, Lüchow

S. 21: Aus dem Buch von Reinhard Gusky/Willi Olbrich (Hg.) 'Auf Karl Mays Fährte', Karl-May-Verlag 2001, Seite 199

S. 55: Stefan Dahlmann, Lüchow

S. 77: Werner Lowin, Gaddau

S. 79: Christiane Beyer, Lüchow

S. 85: Ursula Bruski, München 1997

S. 95: Berenice Abbott, "Changing New York", München 1999

Trotz sorgfältiger Bemühungen konnten nicht alle Bildrechte geklärt werden, der Rechteinhaber möge sich in diesem Fall an den Verlag wenden.

Inhalt